"十四五"职业教育国家规划教材

"十三五"职业教育国家规划教材

修订版

汽车电气设备构造与维修

第2版

主　编　刘冬生　黄国平　黄华文

副主编　符策伟　姜一平　李瑞弘

参　编　钟小舟　陈小阳　李选剑　吴川刚　张燕冲

　　　　林　宇　魏志远　何双俐　陈　娉　孙国婷

主　审　李文涛

机械工业出版社

本书是"十四五"职业教育国家规划教材。

本书第 1 版被评为首届全国教材建设奖全国优秀教材二等奖,同时也是"十三五"职业教育国家规划教材。本书在第 1 版基础上,按照汽车运用与维修职业技能等级标准的要求编写,由汽车电气基础知识与识图、电源系统、起动系统、全车灯光系统、仪表和报警系统以及辅助电气系统 6 个项目组成,每个项目根据任务的不同分成 1~2 个教学任务,每个教学任务包括任务目标(知识目标、技能目标、素养目标)、任务描述、相关知识、学习任务单、任务实施、工作任务单和评分细则 7 部分。学习任务单和工作任务单的评分细则几乎涵盖了汽车运用与维修职业技能等级标准中汽车电子电气与空调舒适系统技术初级证书中汽车电子电气系统部分考核标准所要求的全部技能点。

本书采用了大量的图片,彩色印刷,并整合了移动多媒体技术,在书中相应处设置了二维码,读者使用手机进行扫描,便可观看相关的多媒体内容,方便读者理解相关知识,以便更深入地学习。

本书内容新颖全面、图文并茂、通俗易懂、易学好教,可作为职业院校汽车类专业学生的教学用书,也可作为职业技能培训和相关专业人员的参考书。

为方便教学,本书配有电子课件、学习任务单答案、工作任务单答案等资源,同时还配有"示范教学包",可在超星学习通上实现"一键建课",方便混合式教学。凡选用本书作为授课教材的教师均可登录 www.cmpedu.com,以教师身份注册后下载,或咨询相关编辑,编辑 QQ:729163363。

图书在版编目(CIP)数据

汽车电气设备构造与维修/刘冬生,黄国平,黄华文主编.—2版.—北京:机械工业出版社,2022.6(2025.8重印)

"十三五"职业教育国家规划教材:修订版

ISBN 978-7-111-70611-3

Ⅰ.①汽… Ⅱ.①刘…②黄…③黄… Ⅲ.①汽车—电气设备—构造—高等职业教育—教材②汽车—电气设备—车辆修理—高等职业教育—教材 Ⅳ.①U472.41

中国版本图书馆CIP数据核字(2022)第067239号

机械工业出版社(北京市百万庄大街22号 邮政编码100037)
策划编辑:师 哲   责任编辑:师 哲
责任校对:樊钟英 刘雅娜 封面设计:张 静
责任印制:任维东
北京宝隆世纪印刷有限公司印刷
2025年8月第2版第18次印刷
210mm×285mm·11印张·200千字
标准书号:ISBN 978-7-111-70611-3
定价:49.90元

电话服务   网络服务
客服电话:010-88361066   机 工 官 网 www.cmpbook.com
        010-88379833   机 工 官 博 weibo.com/cmp1952
        010-68326294   金 书 网 www.golden-book.com
封底无防伪标均为盗版   机工教育服务网:www.cmpedu.com

关于"十四五"职业教育
国家规划教材的出版说明

为贯彻落实《中共中央关于认真学习宣传贯彻党的二十大精神的决定》《习近平新时代中国特色社会主义思想进课程教材指南》《职业院校教材管理办法》等文件精神，机械工业出版社与教材编写团队一道，认真执行思政内容进教材、进课堂、进头脑要求，尊重教育规律，遵循学科特点，对教材内容进行了更新，着力落实以下要求：

1. 提升教材铸魂育人功能，培育、践行社会主义核心价值观，教育引导学生树立共产主义远大理想和中国特色社会主义共同理想，坚定"四个自信"，厚植爱国主义情怀，把爱国情、强国志、报国行自觉融入建设社会主义现代化强国、实现中华民族伟大复兴的奋斗之中。同时，弘扬中华优秀传统文化，深入开展宪法法治教育。

2. 注重科学思维方法训练和科学伦理教育，培养学生探索未知、追求真理、勇攀科学高峰的责任感和使命感；强化学生工程伦理教育，培养学生精益求精的大国工匠精神，激发学生科技报国的家国情怀和使命担当。加快构建中国特色哲学社会科学学科体系、学术体系、话语体系。帮助学生了解相关专业和行业领域的国家战略、法律法规和相关政策，引导学生深入社会实践、关注现实问题，培育学生经世济民、诚信服务、德法兼修的职业素养。

3. 教育引导学生深刻理解并自觉实践各行业的职业精神、职业规范，增强职业责任感，培养遵纪守法、爱岗敬业、无私奉献、诚实守信、公道办事、开拓创新的职业品格和行为习惯。

在此基础上，及时更新教材知识内容，体现产业发展的新技术、新工艺、新规范、新标准。加强教材数字化建设，丰富配套资源，形成可听、可视、可练、可互动的融媒体教材。

教材建设需要各方的共同努力，也欢迎相关教材使用院校的师生及时反馈意见和建议，我们将认真组织力量进行研究，在后续重印及再版时吸纳改进，不断推动高质量教材出版。

机械工业出版社

前 言

本书根据职业院校的教学特点，以提高学习者的职业能力和职业素养为宗旨，倡导以学生为主体的教育理念，在进行广泛的企业、行业调研的基础上编写而成。

本书借鉴了德国职业教育的先进教学理念，把行业能力标准作为课程教学目标和鉴定标准，按照行业能力要求组织教学内容。在本书的开发中充分体现了"做中学、学中做"的职业教育理念，贯穿"工作过程系统化"的项目课程开发思想，针对职业院校学生的学习特征设计教学活动。教学活动环境主要模拟企业真实的工作场所，学生通过完成任务描述所布置的任务掌握必需的理论知识，再通过任务实施有步骤地解决任务描述中的问题，进而逐步具备综合的职业能力。

本书坚持以服务为宗旨，以就业与升学并重为导向，突出了职业教育的特色，主要如下：

1. 落实立德树人根本任务。坚持以习近平新时代中国特色社会主义思想引领职业教育汽车类专业教材建设，提升教材的思想性、科学性、时代性，贯彻落实党的二十大精神，在培养学生专业能力的同时，关注学生身心的健康发展，坚定学生的理想信念，融入职业素养等内容，发挥教材培根铸魂的作用。

2. 采用项目式编写模式，包括汽车电气基础知识与识图、电源系统、起动系统、全车灯光系统、仪表和报警系统、辅助电气系统 6 个项目，每个项目包含若干个工作任务。每个工作任务按照任务目标、任务描述、相关知识、学习任务单、任务实施、工作任务单和评分细则进行学习。

3. 本书按照汽车专业领域职业技能等级证书汽车运用与维修职业技能考核（初级）培训方案准则进行编写，是"课证融通"教材的新尝试。

4. 本书坚持理论与实践、知识学习与技能训练一体化，贯彻"做中学、学中做"的职教理念，强调实践与理论的有机统一。技能上力求满足企业用工需要，理论上做到适度、够用。

5. 本书坚持过程评价和成果评价相结合，即对学生在学习每个工作任务过程中的表现和最后的实训成果进行评价。评价要求明确、直观、实用，可操作性强，可以很好地调动学生的学习积极性。

6. 借助信息技术，紧抓数字化机遇，将二维码等数字技术融入教材，使本书内容立体化、可视化、数字化，能够满足"人人皆学、处处能学、时时可学"的学习需要，助力学生学习成长，进一步丰富、优化、更新教材数字化资源，推进教育数字化。

本书由刘冬生、黄国平、黄华文任主编，符策伟、姜一平、李瑞弘任副主编。参与本书编写的还有钟小舟、陈小阳、李选剑、吴川刚、张燕冲、林宇、魏志远、何双俐、陈娉、孙国婷。

本书在编写过程中，上海景格科技有限公司给予了大力帮助并提供了许多资料，同时也参考了大量的书籍并借鉴了汽车维修手册和相关培训资料，谨在此向相关作者及资料提供者表示诚挚的谢意。

由于编者水平有限，书中不妥之处，恳请广大读者和专家批评、指正。

编 者

二维码索引

（续）

目 录

项目一 / Project 1

汽车电气基础知识与识图

任务

检查汽车电气设备

🔧 任务目标

知识目标

1）掌握汽车电气系统的特点、组成及功能。

2）能识别汽车电气基础元件。

技能目标

1）能熟练地使用万用表测量电压、电流和电阻。

2）能使用万用表检测汽车电气基础元件。

素养目标

1）能在工作过程中与小组其他成员合作、交流，养成团队合作意识，锻炼沟通能力。

2）养成 7S 工作习惯。

3）养成服从管理、规范作业的工作习惯。

🚗 任务描述

一位丰田卡罗拉轿车车主将车开到维修站，反映该车使用了两年，现需要对车辆进行一次全面的维护与检查，排查汽车电气系统可能存在的隐患。

相关知识

汽车一般由发动机、底盘、车身和电气系统四个基本部分组成。发动机是汽车的动力装置；底盘的作用是支承、安装汽车发动机及其各部件总成，形成汽车的整体造型，并接受发动机的动力，使汽车产生运动，保证正常行驶；车身安装在底盘上，用于驾驶人、乘客乘坐和装载货物；那电气设备的作用有哪些呢？

一、汽车电气系统的作用、组成与特点

汽车电气系统是汽车的重要组成部分，其工作性能的优劣直接影响汽车的动力性、经济性、安全性、可靠性、舒适性和排气净化等。汽车的种类繁多，但电气系

统的组成和设计都遵循一定的规律。

1. 汽车电气系统的作用

1）将电能转换成机械能，如图 1-1 所示。

2）将电能转换成光能，如图 1-2 所示。

图 1-1　将电能转换成机械能

图 1-2　将电能转换成光能

3）将电能转换成热能，如图 1-3 所示。

2. 汽车电气系统的组成

（1）电源系统　电源系统包括蓄电池和发电机，如图 1-4 所示。发电机是汽车上的主要电源，蓄电池是辅助电源。当发电机工作时，由发电机向全车用电设备供电，同时给蓄电池充电。蓄电池的作用是起动发动机时向起动机供电，同时当发电机不工作时向用电设备供电。

图 1-3　将电能转换成热能

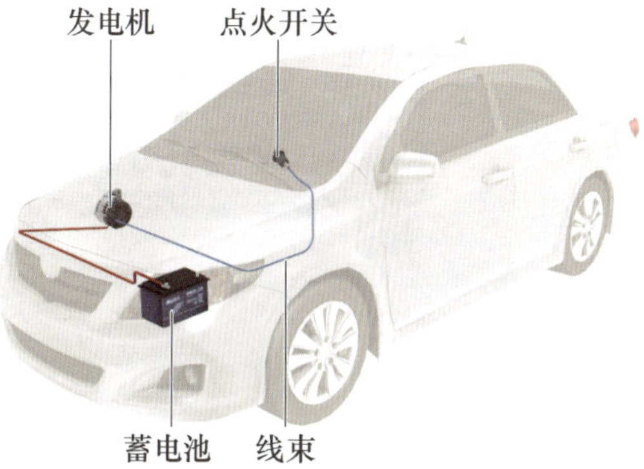

图 1-4　电源系统

电源系统的工作原理

（2）起动系统　起动系统包括起动机、起动继电器、点火开关及起动保护装置等，如图 1-5 所示，其作用是带动飞轮旋转，使发动机曲轴达到必要的起动转速以使发动机自行运转。

（3）点火系统　点火系统（汽油机）包括点火线圈、点火模块、点火开关和火花塞等，如图 1-6 所示，其作用是将低压电（12V）转化为高压电（1 万 ~2 万 V），适时地让火花塞点燃气缸内的可燃混合气。

图 1-5　起动系统

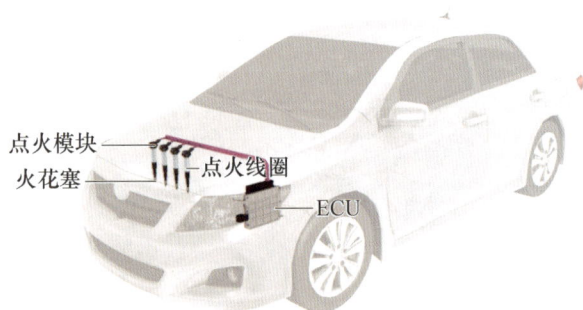

图 1-6　点火系统

（4）**照明与信号系统**　照明系统包括车内外各种照明灯，由前照灯、雾灯和示宽灯等组成，其作用是确保车辆内外一定范围内合适的亮度；信号系统包括电喇叭、转向灯、倒车灯和制动灯等，其作用是告示行人、车辆引起注意，提供安全行车所必需的信号，如图 1-7 所示。

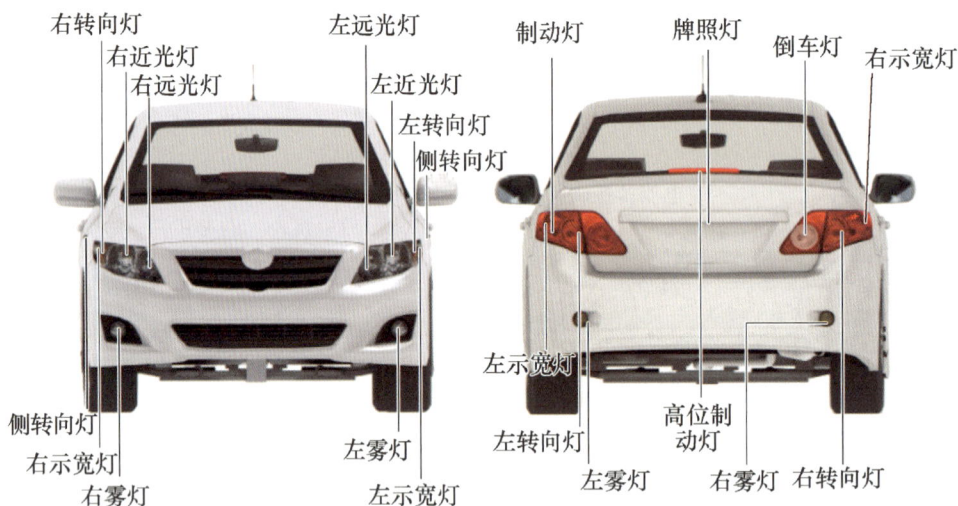

图 1-7　照明与信号系统

（5）**仪表与报警系统**　仪表包括发动机转速表、车速表、里程表、燃油表、冷却液温度表等；报警系统包括各种报警指示灯及其控制器，其作用是显示汽车运行参数及交通信息，报警运行性机械故障，确保行车、停车的安全、可靠，如图 1-8 所示。

（6）**辅助电气系统**　辅助电气系统包括刮水器、风窗洗涤器、电动后视镜、中控门锁、电动车窗和电动座椅等，部分如图 1-9 所示，其作用是提高车辆的安全性、舒适性和经济性。

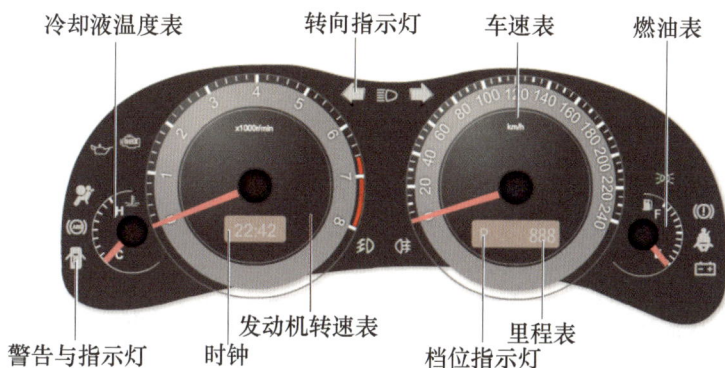

冷却液温度表　　转向指示灯　　车速表　　燃油表

警告与指示灯　　时钟　　发动机转速表　　档位指示灯　　里程表

图 1-8　仪表与报警系统

（7）**电子控制装置**　在现代轿车上装有许多电子控制装置，车型越高档其电子控制装置可能就越多，主要由电子控制燃油喷射装置、巡航控制系统、自动变速器、安全气囊系统和防抱死制动装置等组成。

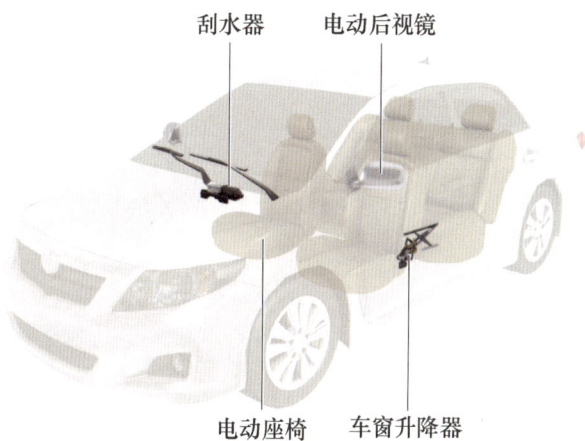

刮水器　　电动后视镜

电动座椅　　车窗升降器

图 1-9　辅助电气系统

3. 汽车电气系统电路的特点

汽车的种类很多，各种汽车电气设备的数量不等，其安装位置、接线方法等也各有差异，但不论是进口汽车还是国产汽车，也不论是大型汽车还是小型汽车，其电气系统电路的设计一般都遵循一定的规律。知道了这些特点，对了解汽车电气系统有很大的帮助。

（1）**单线制**　就是利用汽车发动机、底盘、车身等的金属机件作为各种电气设备的共用连线（俗称搭铁），而用电设备到电源只需另设一根导线。任何一个电路中的电流都是从电源的正极出发，经导线流入用电设备后，由搭铁的负极通过金属车架流回电源负极而形成回路。采用单线制不仅可以节省材料（铜导线），使电路简化，而且也便于安装、检修，并使故障率大大降低。

（2）**负极搭铁**　就是将蓄电池的负极用导线连接到车架、发动机或底盘等金属体上，如图 1-10 所示。我国相关标准中规定发电机、蓄电池必须以负极搭铁。目前世界各国生产的汽车也几乎都采用负极搭铁方式。

采用负极搭铁方式的好处是，由于电化学的作用，不仅使汽车车架和车身均不易锈蚀，而且汽车电气对无线电设备（例如汽车音响、通信系统等）的干扰也较电源正极搭铁方式小。

（3）**两个电源**　是指蓄电池和发电机。前者在发动机未运转时可以向有关用电设备供电，后者在发动机运转到一定转速后取代蓄电池向有关用电设备供电，同时也对蓄电池进行充电。两者互补可以有效地使用电设备在不同的情况下都能正常地工作，同时也延长了蓄电池的供电时间。

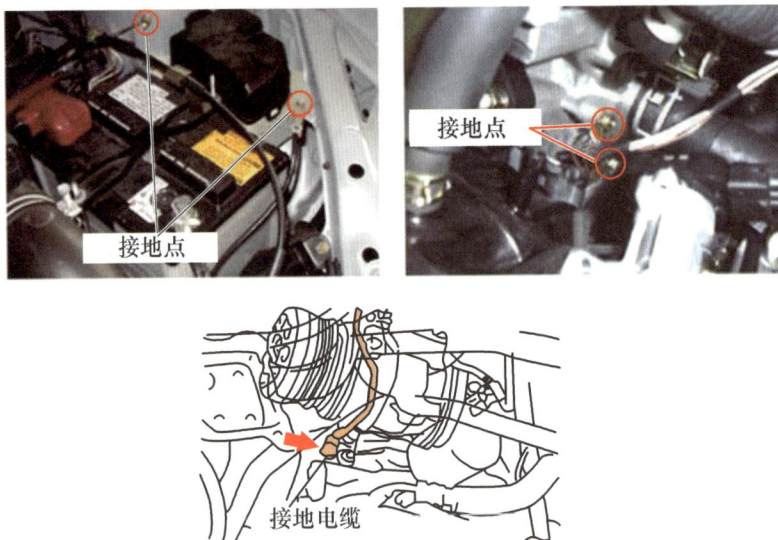

图1-10　负极接地点（搭铁点）

（4）用电设备并联　是指汽车上的各种用电设备都采用并联方式与电源连接，每个用电设备都由各自串联在其支路中的专用开关控制，互不干扰。

（5）低压直流供电　为了简化结构并保证安全，汽车电气设备采用低压直流（DC）供电。柴油车大多采用低压DC24V电压供电（两个12V蓄电池串联），汽油车大都采用DC12V电压供电。汽车运行中的电压，一般12V系统电压为14V，24V系统电压为28V。

（6）安装有保险装置　为了防止电路或元件因短路而烧坏线束和用电设备，各种类型的汽车上均安装有保险装置。这些保险装置有的串接在元器件（或零部件）回路中，也有的串接在支路中。

（7）大电流开关通常加中间继电器　汽车中的大电流用电器如起动机、电喇叭等工作时的电流很大（例如汽油车起动机的电流一般100~200A），如果直接用开关控制它们的工作状态，往往会使控制开关过早损坏。因此，控制大电流用电设备的开关常采用加装中间继电器的方法，即采用控制继电器线圈的小电流，由继电器触点开关闭合后为用电设备提供大电流。

二、汽车电气系统的基础元件

1. 保险装置

（1）类型　汽车用的保险装置主要是熔断器，如图1-11所示。熔断器根据外形的不同可分为插片式熔

a)　　　　　　　b)

图1-11　熔断器

a）插片式熔断器　b）管状熔断器

断器和管状熔断器，其中插片式熔断器在轿车上使用最广泛。

（2）**作用** 熔断器的作用是当电路中流过超过规定的电流时，熔断器自身发热而使内部熔丝熔断，从而切断电路，防止烧坏电路连接导线和用电设备，并把故障限制在最小范围内，如图 1-12 所示。

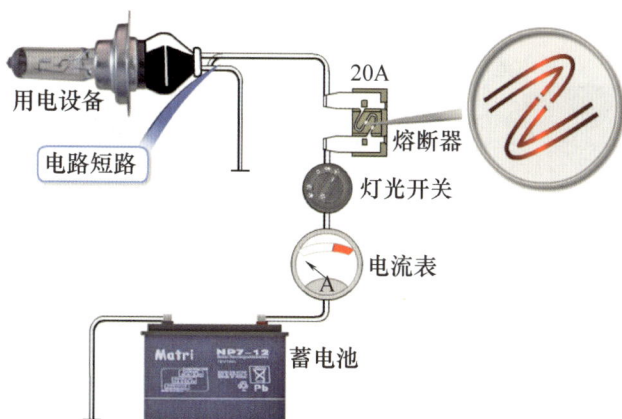

图 1-12 熔断器的作用

扫一扫

熔断器的
工作原理

（3）**表示方式** 熔断器在电路图中的符号表示，如图 1-13 所示。

（4）**安装位置** 熔断器一般安装在仪表盘附近或发动机罩下面的熔断器盒内，常与继电器组装在一起，构成全车电路的中央接线盒。熔断器外观与熔值标注如图 1-14 所示。

图 1-13 熔断器的电路图形符号

图 1-14 熔断器外观与熔值标注

一般情况下，流过熔断器的电流为额定电流的 1.1 倍时，熔丝不熔断；当达到 1.35 倍时，熔丝在 60s 内熔断；达到 1.5 倍时，20A 以内的熔丝在 15s 以内熔断，30A 的熔丝在 30s 以内熔断。

2. 继电器

（1）**作用** 一般情况下，汽车上使用的操纵开关的触点容量较小，不能直接控制工作电流较大的用电设备，常采用继电器来控制它的接通与断开，如图 1-15 所示。继电器可以实现自动接通或切断一对或

注意事项

熔断器在使用中应注意以下几点：

1）熔断器熔断后，必须找到故障的真正原因，彻底排除故障。

2）更换熔断器时，一定要与原规格相同。

3）熔断器支架与熔断器接触不良会产生电压降和发热现象，安装时要保证良好接触。

多对触点，用小电流控制大电流，可以减小控制开关的电流负荷，保护电路中的控制开关。

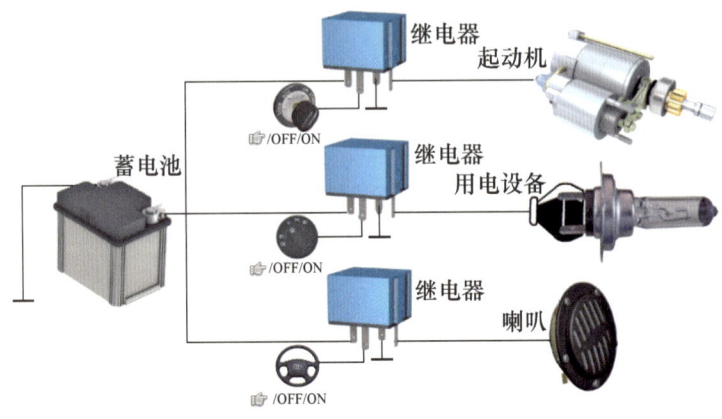

图 1-15　继电器的作用

（2）种类　汽车上的继电器有很多，常见的主要有常开式继电器、常闭式继电器和混合式继电器 3 种，继电器的每个插脚都有标号，与中央接线盒正面板的继电器插座的插孔标号相对应，如图 1-16 所示。

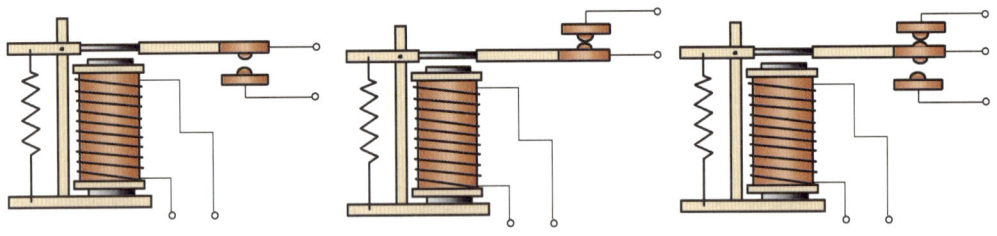

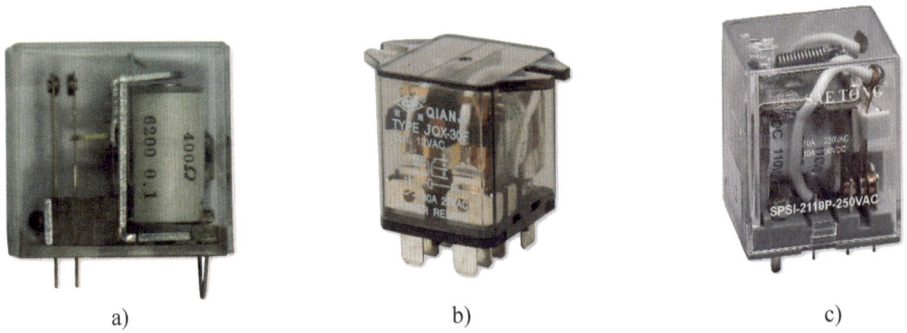

继电器的类型

a)　　　　　　　　　b)　　　　　　　　　c)

图 1-16　常见的继电器种类

a）常开式继电器　b）常闭式继电器　c）混合式继电器

1）常开式继电器：继电器内部触点在继电器未工作时是断开的，工作时接通。该类型的继电器在汽车上使用得最多。

2）常闭式继电器：继电器内部触点在继电器未工作时是接通的，工作时断开。

3）混合式继电器：继电器内部有两个触点，一个常开触点，一个常闭触点。

（3）结构　继电器一般由线圈、静触点、动触点、衔铁、弹簧和外壳等组成，

如图 1-17 所示。

图 1-17 继电器的结构

（4）工作原理 继电器的工作原理如图 1-18 所示。

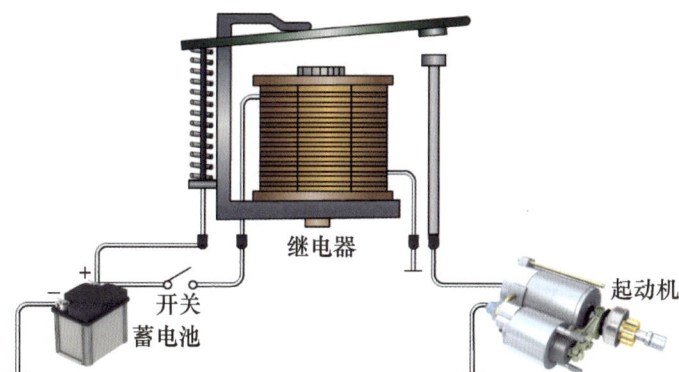

图 1-18 继电器的工作原理

当接通开关时，小电流从蓄电池 + →开关→继电器线圈→搭铁→蓄电池 – 形成回路，电流流经线圈产生磁场，吸引衔铁，使动触点与静触点接通；大电流从蓄电池 + →继电器触点臂→动触点→静触点→起动机，起动机运转。

当开关断开时，小电流被断开，继电器线圈的磁场消失，动触点在弹簧的作用下与静触点分开，大电流也被切断。从而起到小电流控制大电流的作用。

3. 开关

（1）点火开关 点火开关是汽车电路中最重要的开关，是各条电路分支的控制枢纽，是多档多接线柱开关，如图 1-19 所示。其主要功能是：当点火开关打开后转向盘转轴解锁（LOCK 档）；音响、点烟器能够使用（ACC 档）；接通仪表指示灯（ON 或 IG 档）；起动起动机（ST 或 START 档），如图 1-20 所示。其中起动档因为工作电流很大，开关不宜接通过久，所以该档在操作时必须用手克服弹簧力，扳住钥匙，一松手就弹回点火档，不能自行定位，其他档均可自行定位。

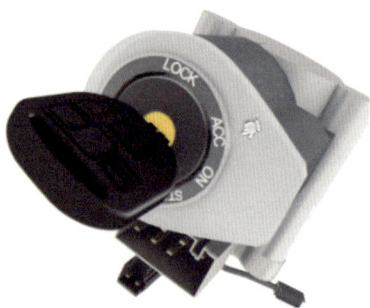

图 1-19　点火开关

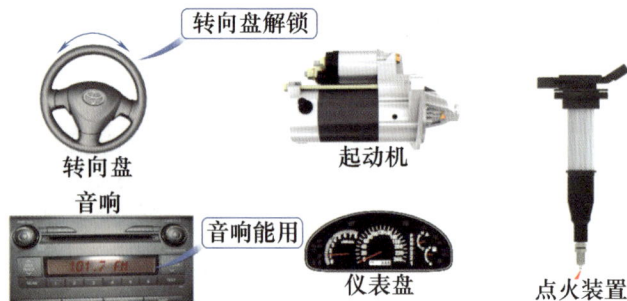

转向盘解锁

转向盘

起动机

音响

音响能用

仪表盘

点火装置

图 1-20　点火开关的作用

　　（2）组合开关　汽车上各种电器控制系统的工作均受控于开关，汽车电气开关有组合开关和单体开关，现代汽车多采用组合开关，用于提高汽车的性能和乘坐舒适性。若采用较多的单体开关，汽车内部布置会很乱，因此，现代汽车都将功能相近的控制系统的开关组合在一起，如灯光系统组合开关、音响组合开关、空调组合开关、驾驶侧门窗组合开关等，如图 1-21 所示。

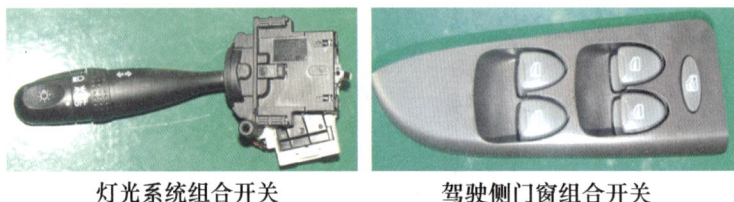

灯光系统组合开关

驾驶侧门窗组合开关

图 1-21　组合开关

4. 导线

　　导线的作用是连接电源和电气设备并传递电流，如图 1-22 所示。

　　为便于安装和检修，汽车采用双色导线，主色为基础色，辅色为条色带或螺旋色带，且标注时主色在前，辅色在后，如图 1-23 所示。以双色为基础选用时，各电气系统的电源线一般为单色，其余为双色，双色线的主色在汽车电气各系统中不同（见表 1-1）。

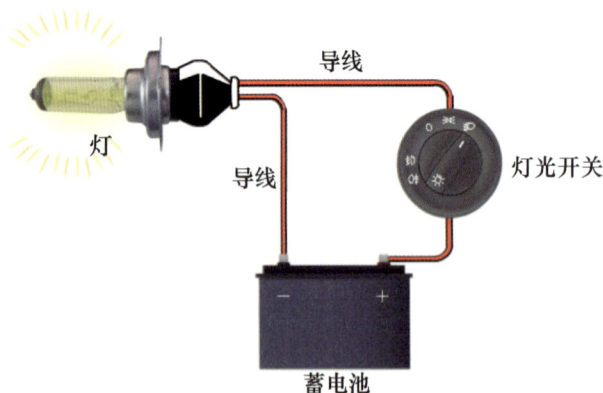

灯

导线

导线

灯光开关

蓄电池

图 1-22　导线的作用

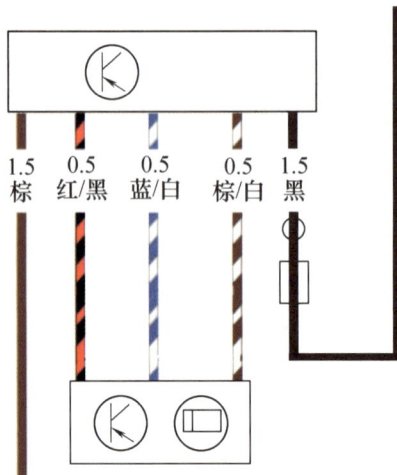

1.5　0.5　0.5　0.5　1.5
棕　红/黑　蓝/白　棕/白　黑

图 1-23　汽车导线的标注

表 1-1　汽车电气各系统导线颜色代号

序 号	系 统 名 称	导线主色	代 号
1	电源系统	红	R
2	点火系统和起动系统	白	W
3	前照灯、雾灯及外部灯光照明系统	蓝	BL
4	灯光信号系统（包括转向指示灯）	绿	G
5	车身内部照明系统	黄	Y
6	仪表及报警指示和喇叭系统	棕	BR
7	收音机、电子钟、点烟器等辅助装置	紫	V
8	各种辅助电动机及电气操作系统	灰	GR
9	电气装置搭铁线	黑	B

三、汽车电气检测常用的工具和仪器

1. 试灯

试灯就是在一段导线中连接一个 12V 灯泡，如图 1-24 所示，当试灯一端搭铁，另一端接触到带电的导体时，灯泡就会点亮，它不像电压表显示出被检电路点的电压值，只能通过灯泡是否点亮来判断该点是否有电压。

> **注意事项**
>
> 不能用试灯检测计算机控制的电路，因为这容易烧坏 ECU 的内部控制电路。

2. 万用表

万用表有指针式和数字式两种，数字式万用表能精确测试电子电路，准确度远远超过指针式万用表，普遍用于汽车电气诊断与检测。

（1）指针式万用表　指针式万用表利用一个在所测数值相关刻度上摆动的弹簧指针来显示所测数据。测量数据实际上是与表内的已知数据相对照，并反映在表盘上。使用者要按所设定的量程，判定并读出仪表上的示值。指针式万用表的外形如图 1-25 所示。它可用于测量电压、电阻和电流。

指针式万用表由于不如数字式万用表直观，目前使用较少。

（2）数字式万用表　不同的数字式万用表功能及结构不尽相同，但基本都是由液晶显示屏、功能按钮、测试项目转换开关、温度测量插孔、公用接口（用于测量电压、电阻、频率、闭合角、频宽比和转速等）、搭铁接口、电流测量接口和正负表笔等构成，普通数字式万用表如图 1-26 所示。

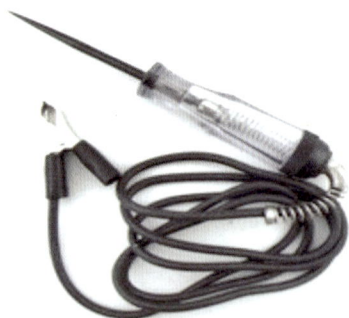

图 1-24　试灯

图 1-25　指针式万用表

液晶显示屏
温度传感器

保持键
正极表笔
负极表笔

转换开关

电流测试接口
晶体管测试接口

负极表笔接口

毫安（微安）测试接口

电压、电阻、二极管测试接口

图 1-26　普通数字式万用表

转换开关是一个多档位的旋转开关，用来选择测量项目，一般的测量项目包括：A–（直流电流）、V–（直流电压）、V~（交流电压）、Ω（电阻）等，此外一般也标配二极管档。

表笔分为红、黑两只，红表笔为正极表笔，黑表笔为负极表笔。测量电压（或电流）时应将红色表笔插入 V（Ω）（或 A、mA）插孔，黑色表笔插入 COM 插孔。

四、汽车电气符号

1. 汽车电气符号的作用

汽车电气符号的作用是便于绘制和识读汽车电路图，使电路图具有通用性，如图 1-27 所示。

2. 常用的汽车电气符号

（1）电气设备符号　电气设备符号见表 1-2。

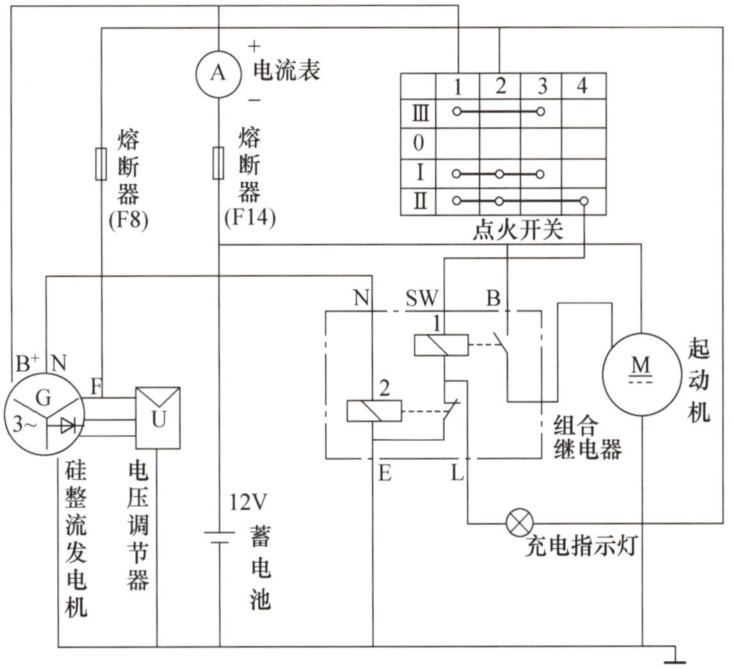

图 1-27　用电气符号绘制的电路图

表 1-2　电气设备符号

 照明灯	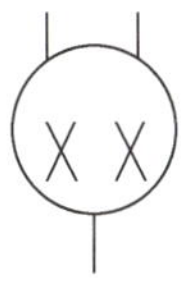 双丝灯	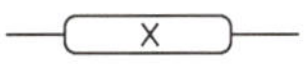 荧光灯	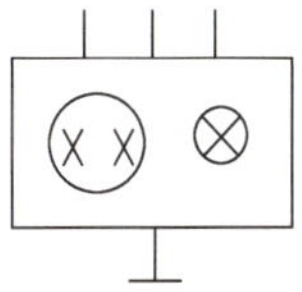 组合灯	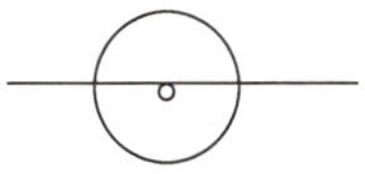 预热指示灯
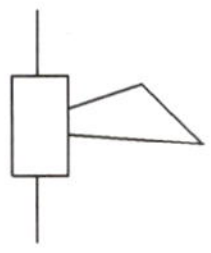 电喇叭	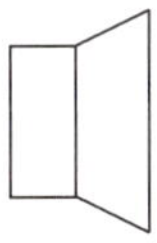 扬声器	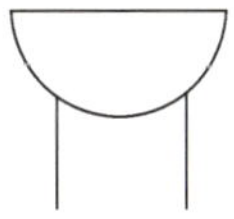 蜂鸣器	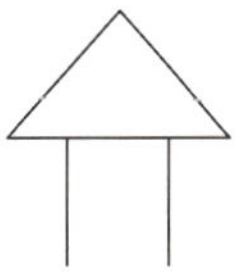 报警器，电笛	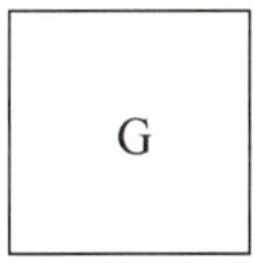 信号发生器

（2）电气元件符号　电气元件符号见表 1-3。

表 1-3　电气元件符号

 电阻器	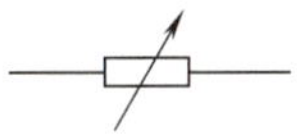 可调电阻器	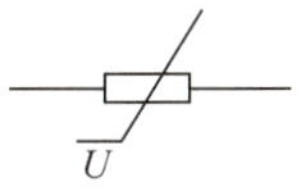 压敏电阻器	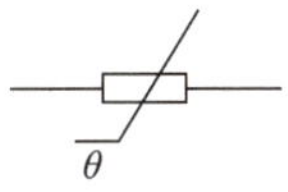 热敏电阻器	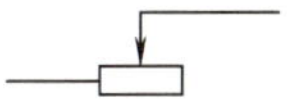 带滑动触点的电阻器
 带分流和分压端子的电阻器	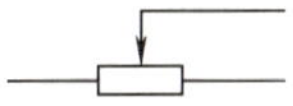 带滑动触点的电位器	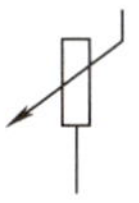 仪表照明调光电阻器	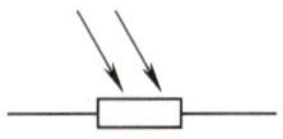 光敏电阻	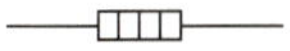 加热元件、电热塞

（3）仪表符号　仪表符号见表1-4。

表1-4　仪表符号

V	A	Ω	OP	n	$t°$
电压表	电流表	欧姆表	油压表	转速表	温度表

时钟	v	Q	数字式时钟		
时钟	车速里程表	燃油表	数字式时钟		

（4）电路图限定的符号　电路图限定的符号见表1-5。

表1-5　电路图限定符号

			+	−
直流	交流	交直流	正极	负极
N	F	B	D_+	
中性点	磁场	交流发电机输出接线柱	磁场二极管输出接线柱	搭铁

（5）触点与开关符号　触点与开关符号见表1-6。

表1-6　触点与开关符号

动合（常开）触点	动断（常闭）触点	先断后合的转换触点	中间断开的转换触点	双动合触点
双动断触点	单动断双动合触点	双动断单动合触点	一般情况下手动操作开关	拉拔操作

（6）传感器符号 传感器符号见表1-7。

表 1-7 传感器符号

$t°$	$t°_A$	$t°_W$	Q	OP	m
温度表传感器	空气温度传感器	冷却液温度传感器	燃油表传感器	油压表传感器	空气质量传感器
AF	λ	K	n	v	W
空气流量传感器	氧传感器	爆燃传感器	转速传感器	速度传感器	燃油滤清器积水传感器
BP	B	BR	F		
制动压力传感器	蓄电池传感器	制动灯传感器	制动器摩擦片传感器		

检查汽车电气设备	学习任务单	班级：
		姓名：

1. 汽车电气系统的作用是将电能转换成＿＿＿＿＿＿能、＿＿＿＿＿＿能或＿＿＿＿＿＿能。

2. 现代汽车的电气设备种类和数量都很多，但总的来说由＿＿＿＿＿系统、起动系统、＿＿＿＿＿系统、照明与信号系统、仪表与报警系统、辅助电气系统、电子控制装置等组成。

3. 汽车电源系统包括＿＿＿＿＿和发电机两个主要部件。

4. ＿＿＿＿＿＿＿＿的作用是带动飞轮旋转，使发动机曲轴达到必要的起动转速让发动机自行运转。

5. ＿＿＿＿＿＿＿＿的作用是将低压电（12V）转化为高压电（1万~2万V），适时地让火花塞点燃气缸内的可燃混合气。

6. 照明系统包括＿＿＿＿＿灯、＿＿＿＿＿灯、示宽灯等，其作用是确保车辆内外一定范围内合适的亮度；信号系统包括电喇叭、＿＿＿＿＿灯、倒车灯、＿＿＿＿＿＿＿灯等，其作用是告示行人、车辆引起注意，提供安全行车所必需的信号。

7. 汽车仪表包括发动机转速表、＿＿＿＿＿＿＿表、燃油表、＿＿＿＿＿＿表等。

8. 汽车电气的主要特点有＿＿＿＿＿＿＿＿＿＿、＿＿＿＿＿＿＿＿＿＿、＿＿＿＿＿＿＿＿＿＿＿＿＿＿＿＿、大电流开关通常加中间继电器、低压直流供电、安装有保险装置和用电设备并联等。

9. 熔断器的作用是当电路中流过超过规定的＿＿＿＿＿＿＿时，熔断器自身发热而熔断，从而切断电路，防止烧坏电路连接导线和用电设备，并把故障限制在最小范围内。

10. 一般情况下，汽车上使用的操纵开关的触点容量较小，不能直接控制工作电流较大的用电设备，常采用继电器来控制它的接通与断开，达到小电流控制＿＿电流的作用。汽车上的继电器有很多，常见的有＿＿＿＿＿式继电器、＿＿＿＿＿式继电器和混合式继电器3种。

11. 认知万用表，写出下图中直线所指万用表各部件名称或功能。

12. 认知电气符号，在下图中写出符号所指电气设备的名称或意义。

⊗	▭	⧄	Ⓥ	Ⓐ	⌐
Ω	===	∼	+	−	⊥

任务实施

实训器材

整车、万用表、试灯、常用维修工具和维修手册等。

作业准备

1）车辆在工位停放周正。

2）铺好车内和车外护套。

操作步骤

一、汽车电气系统的认知

对应整车认知汽车电源系统（蓄电池、发电机）、起动系统（起动机、点火开关）、点火系统、照明与信号系统、仪表与报警系统、辅助电气系统的组成、功能和各主要元件在汽车上的安装位置，认识继电器与熔断器。

二、数字式万用表的使用

1. 直流电压的测量

1）将黑表笔插入"COM"插孔，红表笔插入"V（Ω）"插孔。

2）将转换开关置于直流电压档"V-"量程范围，并将测试表笔连接到待测电源（测开路电压）或负载上（测负载电压降），红表笔所接端的极性将同时显示于显示器上。

3）查看读数，并确认单位，如图 1-28 所示。

图 1-28　直流电压的测量

万用表的使用

规范操作意识

在使用数字式万用表测量各参数前，首先将红表笔与"+"或"V（Ω）"极性插孔相连，黑表笔与"-"或"COM"极性插孔相连，再将转换开关置于"Ω"（电阻档）位，按下万用表电源开关，将红、黑表笔搭接在一起，测试万用表阻值是否小于 0.5Ω，否则说明表笔接触不良或万用表有故障。要求每次使用万用表前都要进行该测试。

提示：

1）如果万用表V档还带有量程选择，又不知被测电压范围时，将转换开关置于最大量程并逐渐下降。

2）如果显示器只显示"1"，表示超过量程，转换开关应置于更高量程。

3）当测量高电压时，要格外注意避免触电。

提示：

1）如果被测电阻值超出所选择量程的最大值，将显示过量程"1"，应选择更高的量程，对于大于1MΩ或更高的电阻，要几秒钟后读数才能稳定，这是正常的。

2）当没有连接好时，例如开路情况，仪表显示为"1"。

3）当检查被测线路的阻抗时，要保证移开被测线路中的所有电源，如有电源和储能元件存在，会影响线路测试的正确性。

4）测量中可以用手接触电阻，但不要把手同时接触电阻两端，因为人体也是有电阻的导体。

提示：

1）如果使用前不知道被测电流范围，将功能开关置于最大量程并逐渐下降。

2）200mA量程表示最大输入电流为200mA，过量的电流将烧坏万用表内部的熔丝，20A量程无熔丝保护，测量时间不能超过15s。

2. 交流电压的测量（交流电压测量的是有效值）

1）将黑表笔插入"COM"插孔，红表笔插入"V（Ω）"插孔。

2）将转换开关置于交流电压档"V~"量程范围，并将测试笔连接到待测电源或负载上，测量交流电压时，没有极性显示。当进行交流电压测量时，要格外注意避免触电。

3）查看读数，并确认单位，如图1-29所示。

图1-29 交流电压的测量

3. 电阻的测量

将红、黑表笔分别插进"V/Ω"和"COM"插孔中，再把转换开关旋转到"Ω"插孔中所需的量程，然后用表笔接在电阻两端金属部位，直接读取测量值，但要注意数值后的单位，电阻的单位主要有Ω（欧）、kΩ（千欧）、MΩ（兆欧），如图1-30所示。

4. 直流电流的测量

1）将黑表笔插入"COM"插孔，当测量最大值为200mA的电流时，红表笔插入"mA"插孔，当测量最大值为20A的电流时，红表笔插入"20A"插孔。

2）将转换开关置于直流电流档"A-"量程，并将测试表笔串联接入到待测负载上，在电流值显示的同时，将显示红表笔的极性，如图1-31所示。

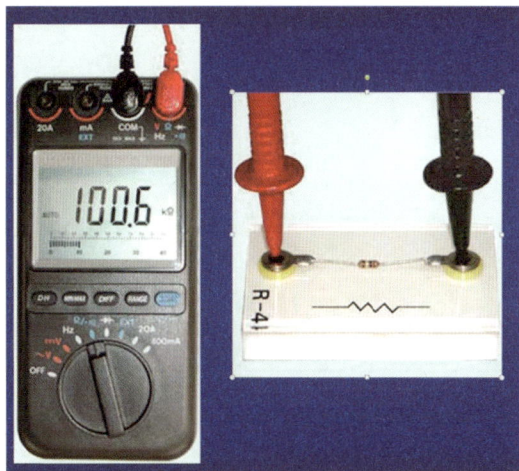

图 1-30　电阻的测量

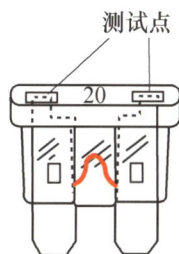

图 1-31　直流电流的测量

三、开关的检测

将开关拨到接通的位置，用万用表电阻档检测对应的端子间电阻时，电阻值应小于 1Ω；开关拨出相应的位置，电阻值应显示 ∞，则正常，否则有问题。

四、继电器的检测

1. 开路检测

采用万用表测电阻法，以图 1-32 所示的继电器为例，用万用表 $R \times 100\Omega$ 档测量：线圈 1 脚—2 脚之间的电阻值在 $50 \sim 120\Omega$，3 脚—4 脚导通；3 脚—5 脚电阻值为 ∞，则正常，否则有问题。

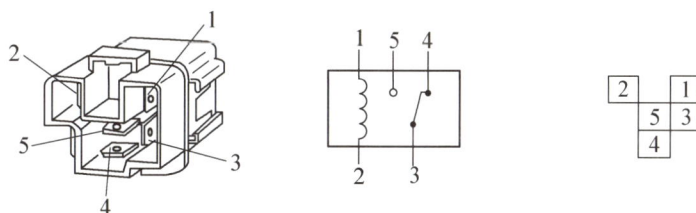

图 1-32　继电器

2. 加电检测

在 1 脚和 2 脚之间加 12V 电压，用万用表电阻档测量：3 脚—4 脚不通；3 脚—5 脚导通，为正常，否则有问题。

五、熔断器的检查

1. 观察法检查

如图 1-33 所示，可观察熔断器两插片之间的熔丝是否熔断，如熔断，应更换熔断器。

图 1-33　熔断器

2. 开路检测

用万用表电阻档测量熔断器是否熔断，正常值应小于 1Ω，否则应更换熔断器。

检查汽车电气设备	工作任务单	班级：
		姓名：

1. 车辆信息的记录

品牌		整车型号		生产年月	
发动机型号		发动机排量		行驶里程	
车辆识别代号					

2. 直流电压的测量（用万用表对指定元件进行测量）

元件名称	万用表档位	标准值	测量值	判定
				异常□ 正常□
				异常□ 正常□

3. 交流电压的测量（用万用表对指定元件进行测量）

元件名称	万用表档位	标准值	测量值	判定
				异常□ 正常□
				异常□ 正常□

4. 电阻的测量（用万用表对指定元件进行测量）

元件名称	万用表档位	标准值	测量值	判定
				异常□ 正常□
				异常□ 正常□

5. 直流电流的测量（用万用表对指定元件进行测量）

元件名称	万用表档位	标准值	测量值	判定
				异常□ 正常□
				异常□ 正常□

6. 继电器及熔断器的测量（用万用表对指定元件进行测量）

元件名称	针脚	电阻值	加电后电阻值	判定	元件名称	电阻值	判定
继电器	1—2			异常□ 正常□	熔断器		异常□ 正常□
	3—4						
	3—5						
	1—3						
	1—5						

检查汽车电气设备			实习日期：		
姓名：		班级：	学号：		导师签名：
自评：□熟练　□不熟练		互评：□熟练　□不熟练	师评：□合格　□不合格		
日期：		日期：	日期：		

检查汽车电气设备【评分细则】

序号	评分项	得分条件	分值	评分要求	自评	互评	师评
1	安全 / 7S/ 态度	□ 1. 能进行工位 7S 操作 □ 2. 能进行设备和工具安全检查 □ 3. 能进行车辆安全防护操作 □ 4. 能进行工具清洁、校准、存放操作 □ 5. 能进行三不落地操作	15	未完成1项扣3分，扣分不得超过15分	□熟练 □不熟练	□熟练 □不熟练	□合格 □不合格
2	专业技能能力	作业 1 □ 1. 能正确地连接万用表表笔并校零 □ 2. 能正确地选用直流电压档 □ 3. 能正确地读取直流电压测量值并记录 □ 4. 能正确地选用交流电压档 □ 5. 能正确地读取交流电压测量值并记录 □ 6. 能正确地选用电阻档 □ 7. 能正确地读取电阻测量值并记录 □ 8. 能正确地选用直流电流档 □ 9. 能正确地读取直流电流测量值并记录 作业 2 □ 1. 能正确地检查继电器是否正常 □ 2. 能正确地测量线圈电阻值 □ 3. 能正确地测量触点电阻值 □ 4. 能正确给线圈施加 12V 电压 □ 5. 能正确地测量加电后触点电阻值 □ 6. 能正确地检查熔断器是否正常 □ 7. 能正确地测量熔断器电阻值	50	未完成1项扣3分，扣分不得超过50分	□熟练 □不熟练	□熟练 □不熟练	□合格 □不合格
3	工具及设备的使用能力	□ 1. 能正确地使用试灯 □ 2. 能正确地使用万用表	10	未完成1项扣5分	□熟练 □不熟练	□熟练 □不熟练	□合格 □不合格
4	资料、信息查询能力	□ 1. 能正确地使用维修手册查询资料 □ 2. 能正确地记录查询资料的章节及页码 □ 3. 能正确地记录所需维修信息	10	未完成1项扣3分	□熟练 □不熟练	□熟练 □不熟练	□合格 □不合格
5	数据判断和分析能力	□ 1. 能判断测量元件是否正常 □ 2. 能判断继电器是否正常 □ 3. 能判断熔断器是否正常	10	未完成1项扣3分	□熟练 □不熟练	□熟练 □不熟练	□合格 □不合格
6	表单填写报告的撰写能力	□ 1. 字迹清晰 □ 2. 语句通顺 □ 3. 无错别字 □ 4. 无涂改 □ 5. 无抄袭	5	未完成1项扣1分，扣分不得超过5分	□熟练 □不熟练	□熟练 □不熟练	□合格 □不合格
总分：							

项目二 / Project 2

电源系统

任务一

检修蓄电池

⚒ 任务目标

知识目标

1）掌握汽车蓄电池的作用、类型和组成。

2）了解蓄电池的工作原理。

技能目标

1）会正确进行蓄电池的拆装、维护与充电作业。

2）会检测蓄电池的性能。

素养目标

1）能在工作过程中与小组其他成员合作、交流，养成团队合作意识，锻炼沟通能力。

2）养成 7S 工作习惯。

3）养成服从管理、规范作业的工作习惯。

🚙 任务描述

有一位丰田卡罗拉轿车用户打电话到服务站反映，他的车在起动时能听到发动机运转的声音，但明显感觉运转无力，发动机无法起动，需要服务站派人到现场检修。

相关知识

一、蓄电池的作用

蓄电池是一个化学电源，靠内部的化学反应在充电时将电能转变成化学能储存起来，在放电时将储存的化学能转变成电能供给用电设备，如图 2-1 所示。

蓄电池的具体作用有：

1）发动机起动时，向起动机和点火系统供电。

2）发动机低速运转时，向用电设备供电。

3）发动机中、高速运转时，将发电机剩余电能转化为化学能储存起来。

发电机

汽车用电设备

蓄电池

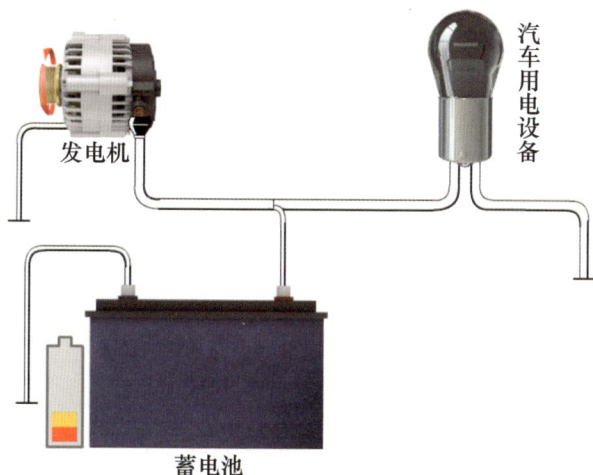

图 2-1 蓄电池的作用

蓄电池的作用

4）发电机过载时，协助发电机向用电设备供电。

5）蓄电池相当于一个大电容器，能吸收电路中出现的瞬时过电压，保护电子元件，保持汽车电气系统电压的稳定。

二、蓄电池的分类

传统汽车上目前使用的蓄电池主要有普通蓄电池、干荷蓄电池和免维护蓄电池三种，但大部分车型都采用干荷蓄电池或免维护蓄电池，如图 2-2 所示。

a)   b)

图 2-2 蓄电池的种类

a）干荷蓄电池　b）免维护蓄电池

1. 普通蓄电池

普通蓄电池的极板是由铅和铅的氧化物构成，电解液是硫酸的水溶液。它的主要优点是电压稳定、价格便宜；缺点是比能（即每千克蓄电池存储的电能）低、使用寿命短且日常维护频繁。

2. 干荷蓄电池

它的全称是干式荷电铅酸蓄电池，它的主要特点是负极板有较高的储电能力，在完全干燥状态下，能在两年内保存所得到的电量，使用时，只需加入电解液，等20~30min 就可使用。

3. 免维护蓄电池

免维护蓄电池由于自身结构上的优势，电解液的消耗量非常小，在使用寿命内

基本不需要补充蒸馏水。它还具有耐振、耐高温、体积小、自放电小的特点，使用寿命一般为普通蓄电池的两倍。

三、蓄电池的型号

按机械行业标准 JB/T 2599—2012《铅酸蓄电池名称、型号编制与命名办法》的规定，蓄电池型号由 3 部分组成，如图 2-3 所示。型号各部分之间用连接号"—"分开，内容及排列如下：

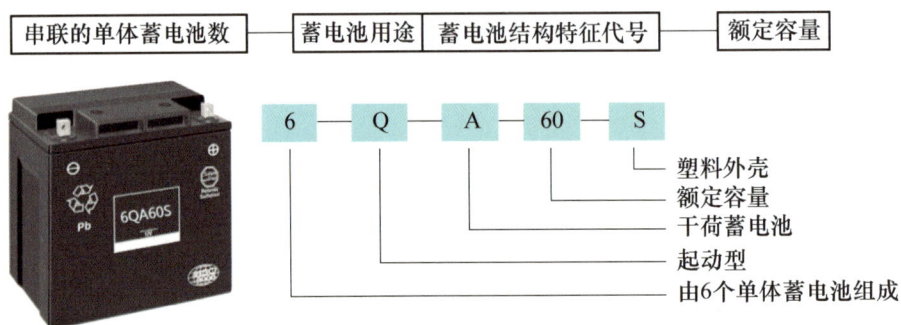

图 2-3　蓄电池的型号标注

（1）串联的单体蓄电池数　是指该蓄电池总成所包含的单体蓄电池数目，用阿拉伯数字表示。

（2）蓄电池用途　根据其主要用途划分，起动型铅蓄电池用"Q"表示，阀控型蓄电池用"F"表示。

（3）蓄电池结构特征代号　蓄电池特征为附加部分，同类型蓄电池具有某种特征，在型号中必须加以区别。例如，免维护用"W"表示，干式荷电用"A"表示。

（4）额定容量　是指 20h 放电率时的额定容量，用阿拉伯数字表示。额定容量的单位为 A·h。

四、蓄电池的基本结构

1. 普通蓄电池的结构

汽车用蓄电池主要由正极板、负极板、隔板、电解液、外壳、联条、负极端子、正极端子及加液孔盖等组成，如图 2-4 所示。

（1）正、负极板　极板是蓄电池的核心部分，它由栅架及活性物质组成，栅架由铅锑合金浇铸而成；活性物质就是极板上的工作物质。正极板上的活性物质为二氧化铅（PbO_2），呈暗棕色；负极板上的活性物质为海绵状纯铅（Pb），呈深灰色。

将正负极板各一片浸入电解液中，就可获得约 2.1V 的电动势。为增大蓄电池容量，可将多片正、负极板分别并联，用横板焊接成正、负极板组。

隔板　加液孔盖　　　负极端子　正极端子

负极板　　正极板　凸筋　联条　外壳

图 2-4　蓄电池的结构

（2）隔板　隔板的作用是分隔正、负极板，使正、负极板尽量地靠近而不至于短路，缩小蓄电池的体积，防止极板变形和活性物质脱落。

（3）电解液　电解液能促使极板活性物质溶离，产生可逆的电化学反应。它是由纯净的专用硫酸和蒸馏水按一定的比例配制而成的，密度一般为 $1.24\sim1.31g/cm^3$。

（4）外壳　外壳用来盛装电解液和极板组，使蓄电池构成一个整体。外壳为整体式结构，壳内分成六个互不相通的单格，每个单格的盖子中间有加液孔，可用来检查液面高度和测量电解液的密度，加液孔平时用加液孔盖拧紧。加液孔盖中心的通气孔应经常保持畅通，使蓄电池化学反应放出的气体能随时逸出。

（5）联条　联条的作用是将单体蓄电池串联起来，提高整个蓄电池的端电压。普通单体蓄电池联条由铅锑合金浇铸而成。额定电压 12V 的蓄电池由 6 个单格串联而成，每个单格的额定电压为 2V。

（6）正、负极端子　普通蓄电池在首尾两极板组的横板上焊有接线柱。为了便于区分接线柱的极性，在正极接线柱上或旁边标有"+"或"P"记号；在负极接线柱上标有"–"或"N"记号，有的蓄电池的正极涂有红油漆；同时为了防止接错，一般正极端子比负极端子稍大一点。

2. 免维护蓄电池

免维护蓄电池如图 2-5 所示，内部结构与普通蓄电池基本相同，外部采用全密封结构，具有高性能、长使用寿命、无污染、免维护、安全可靠的卓越性能。

市场上的免维护蓄电池有两种：第一种在购买时一次性加电解液，以后使用中不需要维护（添加补充液）；另一种是蓄电池本身出厂时就已经加好电解液并封死，用户根本就不能加补充液。

对于全密封型免维护蓄电池，由于无加液孔，

图 2-5　免维护蓄电池

所以不能采用传统的密度计来测量电解液密度以判断其技术状况，为此，可通过顶端的检查孔观察其颜色来判断蓄电池的技术状况，如图 2-6 所示。

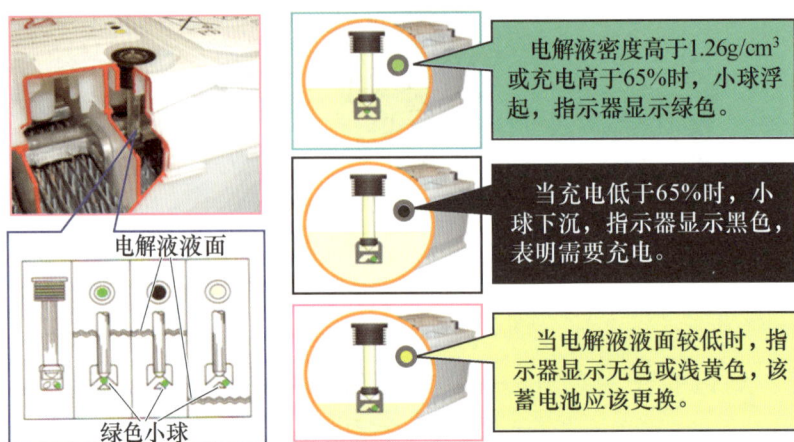

电解液密度高于1.26g/cm³或充电高于65%时，小球浮起，指示器显示绿色。

当充电低于65%时，小球下沉，指示器显示黑色，表明需要充电。

当电解液液面较低时，指示器显示无色或浅黄色，该蓄电池应该更换。

电解液液面

绿色小球

图 2-6　免维护蓄电池的检查

蓄电池的工作原理

五、蓄电池的工作原理

蓄电池充、放电过程就是化学能与电能相互转化的过程：当蓄电池向外供电时，将化学能转化为电能对外输出，此时电解液的密度会下降，如图 2-7 所示；而当蓄电池与外部直流电源相连进行充电时，电能转化为化学能储存起来，此时电解液的密度会增大，如图 2-8 所示。其电化学反应是可逆反应，可用如下总的电化学反应方程式表示：

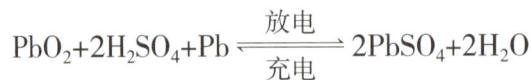

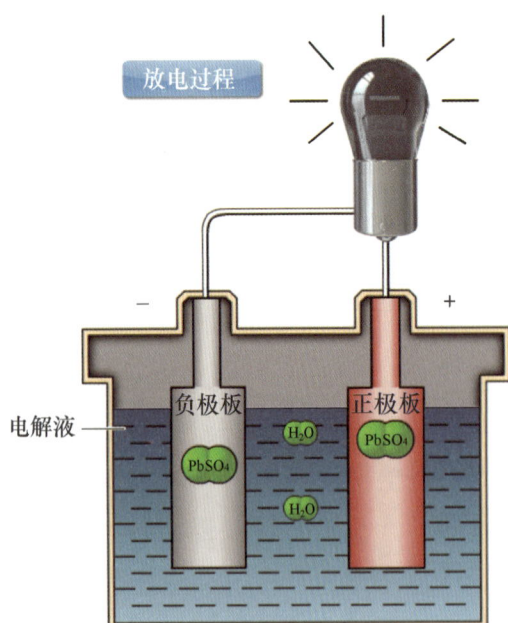

$$PbO_2 + 2H_2SO_4 + Pb \underset{充电}{\overset{放电}{\rightleftharpoons}} 2PbSO_4 + 2H_2O$$

放电过程

负极板　正极板

电解液

正、负极板上生成硫酸铅，电解液密度下降

图 2-7　蓄电池放电过程

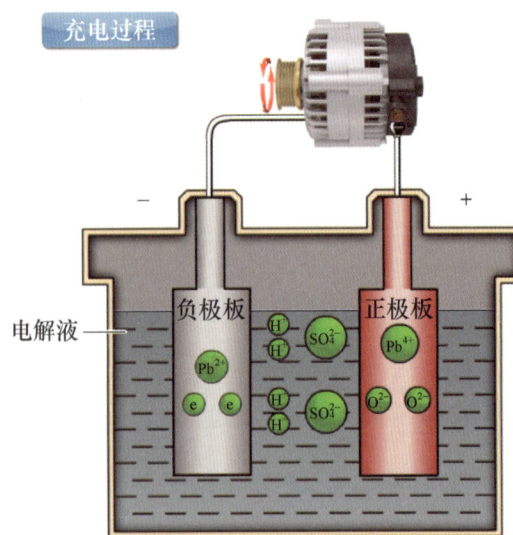

充电过程

电解液

负极板　正极板

正、负极板上硫酸铅还原成氧化铅和铅，电解液中的水分还原成硫酸，电解液密度增大

图 2-8　蓄电池充电过程

检修蓄电池	学习任务单	班级： 姓名：

1. 蓄电池是一个化学电源，靠内部的化学反应在充电时将_____能转变成_____能储存起来，在放电时将储存的_____能转变成_____能供给用电设备。

2. 传统汽车上目前使用的蓄电池主要有_____、干荷蓄电池和_____3 种，但大部分车型都采用干荷蓄电池或_____两种。

3. 某汽车蓄电池外壳上标注 6QA60S，其中 6 表示_____，Q 表示_____，60 表示_____。

4. 根据图示写出直线所指部件的名称：

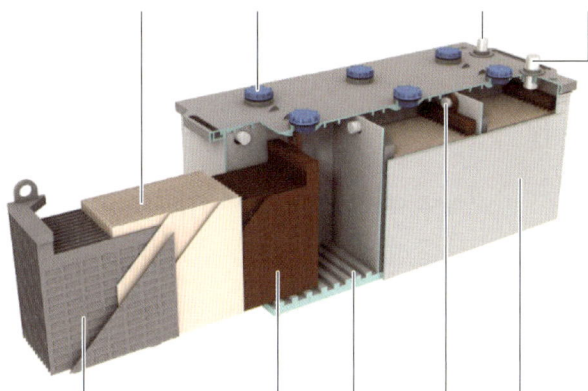

5. 将正、负极板各一片浸入电解液中，就可获得约_____V 的电动势。为增大蓄电池容量，可将多片正、负极板分别并联。额定电压 12V 的蓄电池由_____个单格_____联而成。

6. 隔板的作用是分隔正、负极板，使正、负极板尽量地靠近而不至于_____路，缩小蓄电池的体积，防止极板变形和活性物质脱落。

7. 电解液能促使极板活性物质溶离，产生可逆的电化学反应。它是由纯净的专用_____和蒸馏水按一定的比例配制而成，密度一般在 $1.24\sim1.31g/cm^3$。

8. 为了便于区分蓄电池接线柱的极性，在正极接线柱上或旁边标有"_____"或"P"记号；在负极接线柱上标有"_____"或"N"记号；同时为了防止接错，一般正极端子比负极端子稍_____一点。

9. 蓄电池充、放电过程就是化学能与电能相互转化的过程：当蓄电池向外供电时，将_____能转化为电能对外输出，此时电解液的密度会_____；而当蓄电池与外部直流电源相连进行充电时，电能转化为_____能储存起来，此时电解液的密度会_____。

任务实施

心无旁骛，一心专注做一事。

一个人的精力是有限的，把精力分散在好几件事情上，不是明智的选择。对于同学们来说，专注才能学好。工作也是如此，只有具备了专注的心，才可能会有所成就。

当你集中精力于眼前的学习时，就会发现你将获益匪浅，还能激发你更热爱学习，更热爱自己的专业，并从学习中体会到更多的乐趣。

注意事项

清洗蓄电池之前，要拧紧加液孔盖，防止水进入蓄电池内部。

蓄电池的拆装与检测

实训器材

整车或实训台架、玻璃管密度计、高率放电计、常用维修工具和维修手册等。

作业准备

1）车辆在工位停放周正。

2）铺好车内和车外护套。

操作步骤

一、蓄电池的使用与维护

1）大电流放电时间不宜过长，每次起动时间不应超过5s，起动间隔时间不少于15s，最多连续起动不超过3次。

2）应保持蓄电池外表面清洁干燥，及时清除极柱和电缆卡子上的氧化物，并确定蓄电池极柱上的电缆连接是否牢固。

3）保持加液孔盖上通气孔的畅通，定期疏通。

4）定期检查并调整电解液液面高度，液面不足（接近或低于最低刻度线）时，应补加蒸馏水。

二、蓄电池的检修

1. 蓄电池电解液液面高度的检查

1）用玻璃管测量法，如图2-9所示。工具：内径为3~5mm的玻璃管。液面高度标准值为10~15mm。

2）观察液面高度指示线法，如图2-10所示。正常液面高度应介于"max""min"两线之间，液面过低时，应加入蒸馏水补充，以恢复正常的液面高度。除非确知电解液溅出，否则不许添加硫酸溶液。

2. 蓄电池电解液密度的检查

电解液密度的大小是判断蓄电池容量的重要标志。测量蓄电池电解液密度时，蓄电池应处于稳定状态。蓄电池充、放电或加注蒸馏水后，应静置30min后再测量。蓄电池充电状态与密度的关系见表2-1。

用吸式密度计测量电解液密度，如图2-11所示，其测量过程如图2-12所示。

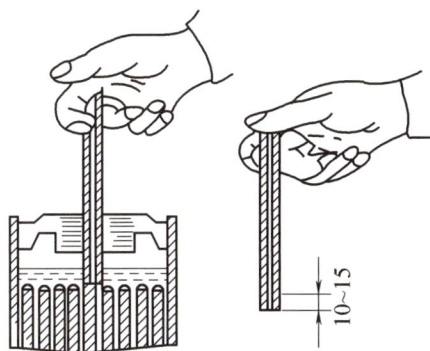

图 2-9　玻璃管测量法

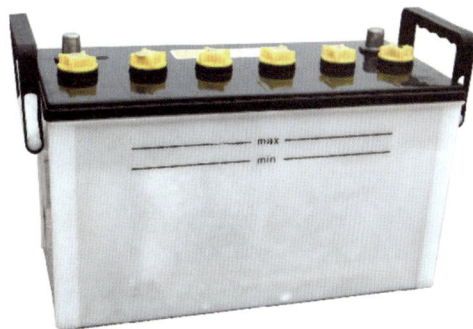

图 2-10　液面高度指示线法

表 2-1　蓄电池充电状态与密度的关系

充电状态（%）	100	75	50	25	0
电解液密度 /（g/cm³）	1.27	1.23	1.19	1.15	1.11

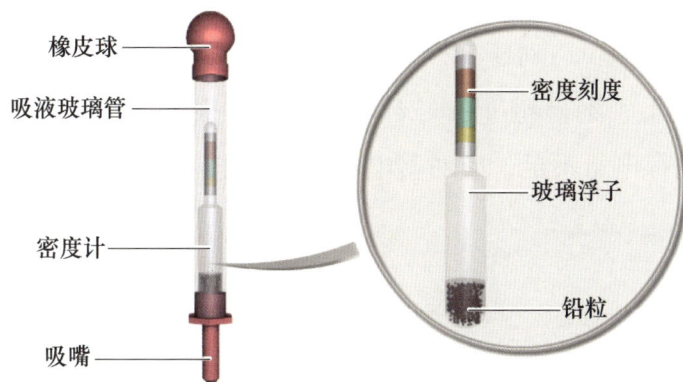

图 2-11　吸式密度计

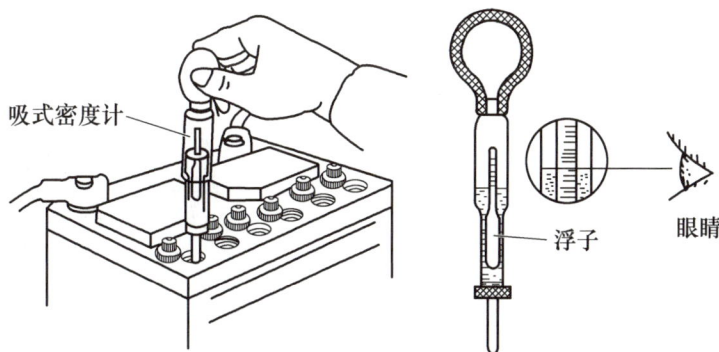

图 2-12　电解液密度测量

通过对各个单体蓄电池电解液密度的测量，可以确定蓄电池是否失效。如果单体蓄电池之间的密度相差 0.05g/cm³，则该蓄电池失效，需更换。

3. 静态电动势（开路电压）的检测

若蓄电池刚充过电或车辆刚行驶过，应接通前照灯远光 30s，消除"表面充电"现象，然后熄灭前照灯，切断所有负载，用万用表测量蓄电池的开路电压，如

图 2-13 所示。此电压应该在 12V 以上，否则应对蓄电池充电；如充电后再次静态测量，电压仍然不能超过 12V，则需要更换蓄电池。

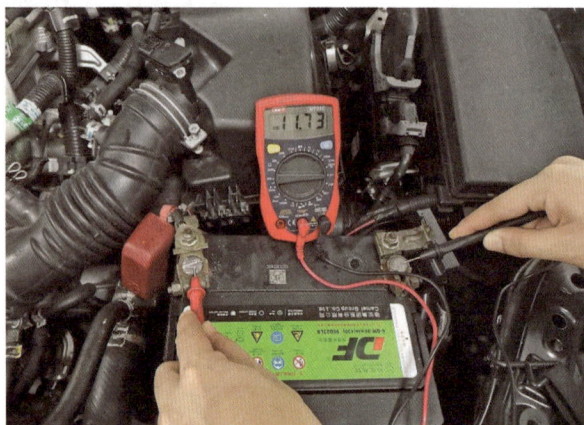

图 2-13　蓄电池静态电压的测量

4. 负荷试验的检测

（1）高频放电计测试　对于 12V 高频放电计，如图 2-14 所示，将两放电夹夹在蓄电池正、负极柱上，不得超过 3s，若电压稳定，根据指针偏摆的刻度，可知蓄电池的存电情况，如存电量不足，应对蓄电池进行充电。

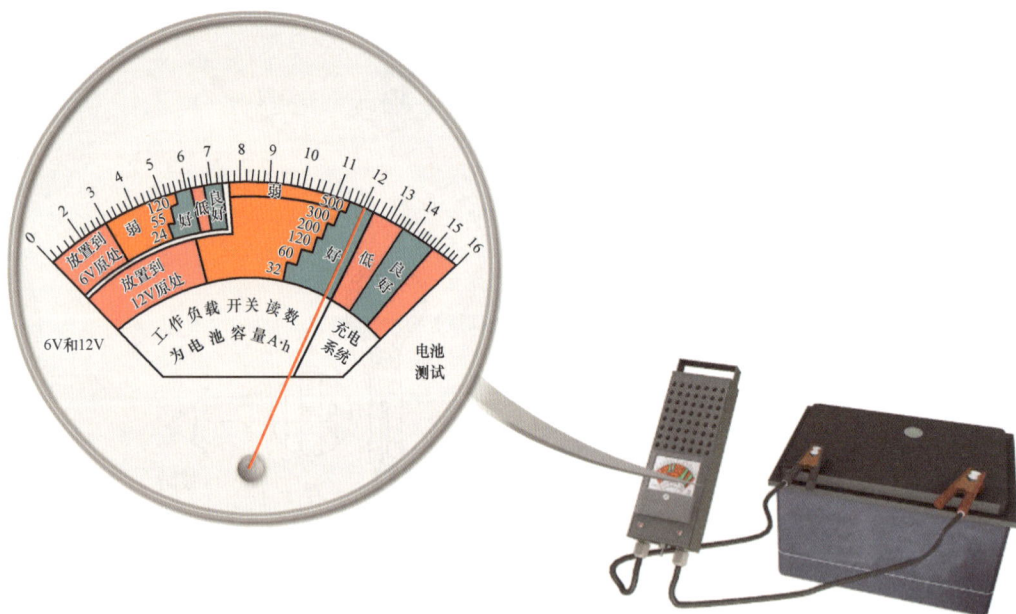

图 2-14　高频放电计测试蓄电池

（2）车上起动测试　将万用表表笔分别接在蓄电池正、负极柱上，一边起动，一边测量蓄电池电压，此时蓄电池电压应不低于 9.6V，否则，应对蓄电池进行充电。

三、蓄电池的拆装

1. 蓄电池的拆卸步骤

1）将点火开关置于"断开（OFF）"位置。

2）先拧松蓄电池负极柱上的接线柱夹头紧固螺栓，取下负极电缆，再拧松蓄电池正极柱上的接线柱夹头紧固螺栓，取下正极电缆，如图2-15所示。

3）拆下蓄电池固定夹板的固定螺栓，取下固定夹板。

4）从汽车上取下蓄电池。取下蓄电池时应小心轻放，防止电解液流出。

5）检查蓄电池壳体上有无裂纹和电解液渗漏痕迹，发现裂纹和渗漏应更换蓄电池。

2. 蓄电池的安装步骤

1）检查蓄电池型号、规格是否适合该型号汽车使用。

2）检查电解液的密度和液面高度是否符合技术要求，否则应予以调整。

3）按照蓄电池正、负极柱和正、负电缆端子的相对位置，将蓄电池安放到固定架上。

4）用细砂纸清洁蓄电池的接线柱及接线柱夹头。

5）先安装蓄电池正极夹头，再安装负极夹头，并紧固夹头螺母，如图2-16所示。

图2-15　取下正、负极电缆

图2-16　安装蓄电池正负极夹头

6）可在正、负极接线柱及其电缆端子上涂抹一层润滑脂，以防极柱和端子氧化腐蚀。

7）安装固定夹板，拧紧夹板固定螺栓。

四、蓄电池的充电

蓄电池的充电作业方法通常有恒压充电、恒流充电和脉冲快速充电3种，目前比较流行的充电方法是脉冲快速充电。

1. 蓄电池充电作业注意事项

1）充电时，应旋开出气孔盖，使产生的气体能顺利逸出，充电室要安装通风和防火设备，在充电过程中，严禁烟火，以免发生事故。

注意事项

1）在发动机运转时，严禁拆卸蓄电池；因为蓄电池相当于一个大的电容器，在发动机运行时可以吸收电气系统中的冲击电压。

2）拆卸蓄电池时尽量不要用手直接触摸有酸液的部位，如不慎接触到，应用大量的清水冲洗。

2）就车充电时，一定要将蓄电池负极断开，否则充电机的高电压会将电控系统的电器元件损坏。

3）初充电作业应连续进行，不可长时间间断。

4）对过度放电的蓄电池（空载电压为11.6V或更低）进行充电，不可采用快速充电方法充电，这种蓄电池充电时间至少应为24h。

5）若发现个别单体蓄电池的端电压和电解液密度上升比其他单体蓄电池缓慢，甚至变化不明显时，应停止充电，及时查明原因。

2. 蓄电池充电作业方法

1）蓄电池与充电机连接之前，应将蓄电池极柱和表面清理干净，将液面高度调整至正常水平。

2）拧下加液孔盖。

3）正确连接充电机和蓄电池（充电机红色电夹接蓄电池正极，黑色电夹接蓄电池负极，如图2-17所示）。

4）连接充电机的220V电源。

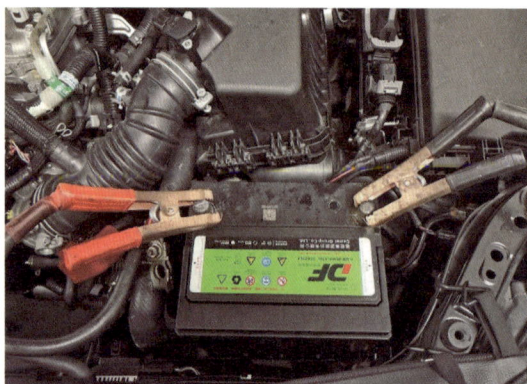

图 2-17　充电机连接蓄电池

5）打开充电机上的电源开关。

6）按规定选择充电强度的档位。

7）充电过程中，应经常查看充电情况，如发现电解液内有大量气泡冒出（电解液呈"沸腾"状态），表示蓄电池已经充足电。

8）充电结束后应先关闭充电机上的电源开关并拔下220V的电源插头，然后再取下正负极充电夹，如图2-18所示。

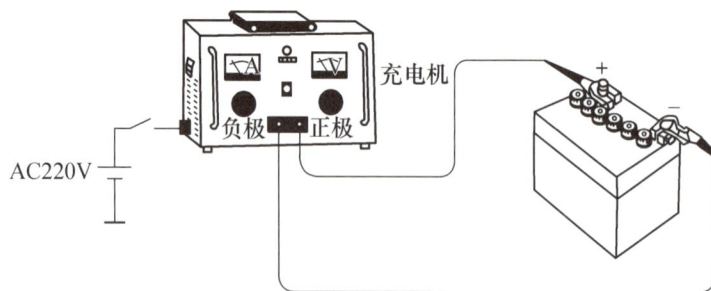

图 2-18　充电过程

检修蓄电池	工作任务单	班级：
		姓名：

1. 车辆信息的记录

品牌		整车型号		生产年月	
发动机型号		发动机排量		行驶里程	
车辆识别代号					

2. 蓄电池的型号

蓄电池型号			厂商规格（查询维修手册）		
串联单体蓄电池数	电池类型和特征	额定容量	串联单体蓄电池数	电池类型和特征	额定容量

判定	是否符合厂商要求：　符合□　不符合□

3. 蓄电池的检测

作业项目	检测数据	判定
液面高度		正常□　异常□
电解液密度	g/cm^3	正常□　异常□
静态开路电压	V	正常□　异常□
起动时电压	V	正常□　异常□
放电计测试		正常□　异常□

4. 蓄电池的拆装

作业项目	记录	作业项目	记录
断开负极端子	已执行□　否□	安装正极端子	已执行□　否□
断开正极端子	已执行□　否□	安装负极端子	已执行□　否□
拆卸固定夹板	已执行□　否□	安装固定夹板	已执行□　否□

5. 蓄电池的充电

连接正、负极电夹	充电电压	充电电流档位	充电作业方法
红□　黑□	V		恒压充电　　　□ 恒流充电　　　□ 脉冲快速充电　□

6. 维修手册的查阅

序号	部件名称	章节及页码	规格（米制）
1		第　　章　　页	
2		第　　章　　页	
3		第　　章　　页	

检修蓄电池				实习日期：			
姓名：		班级：		学号：		导师签名：	
自评：□熟练　□不熟练		互评：□熟练　□不熟练		师评：□合格　□不合格			
日期：		日期：		日期：			

检修蓄电池【评分细则】

序号	评分项	得分条件	分值	评分要求	自评	互评	师评
1	安全/7S/态度	□ 1. 能进行工位 7S 操作 □ 2. 能进行设备和工具安全检查 □ 3. 能进行车辆安全防护操作 □ 4. 能进行工具清洁、校准、存放操作 □ 5. 能进行三不落地操作	15	未完成1项扣3分，扣分不得超过15分	□熟练 □不熟练	□熟练 □不熟练	□合格 □不合格
2	专业技能能力	作业 1 □ 1. 能正确地记录蓄电池型号和类型 □ 2. 能正确地测量电解液液面高度 □ 3. 能正确地测量电解液密度 □ 4. 能正确地测量静态开路电压 □ 5. 能正确地进行放电计测试 □ 6. 能正确地测量起动时蓄电池电压 作业 2 □ 1. 能按正确顺序拆卸蓄电池 □ 2. 能正确地断开蓄电池负极 □ 3. 能正确地断开蓄电池正极 □ 4. 能正确地拆卸蓄电池固定夹板 □ 5. 能按正确顺序安装蓄电池 □ 6. 能正确地安装蓄电池正极 □ 7. 能正确地安装蓄电池负极 □ 8. 能正确地安装蓄电池固定夹板 □ 9. 能正确地连接充电器 □ 10. 能正确地选择充电电压 □ 11. 能正确地选择充电电流	50	未完成1项扣3分	□熟练 □不熟练	□熟练 □不熟练	□合格 □不合格
3	工具及设备的使用能力	□ 1. 能正确地选用密度计 □ 2. 能正确地选用万用表 □ 3. 能正确地选用放电计 □ 4. 能正确地使用维修工具 □ 5. 能正确地选用蓄电池充电器	10	未完成1项扣3分，扣分不得超过10分	□熟练 □不熟练	□熟练 □不熟练	□合格 □不合格
4	资料、信息查询能力	□ 1. 能正确地识读维修手册查询资料 □ 2. 能正确地使用用户手册查询资料 □ 3. 能正确地记录所查询资料的章节及页码 □ 4. 能正确地记录所需维修信息	10	未完成1项扣2分	□熟练 □不熟练	□熟练 □不熟练	□合格 □不合格
5	数据判断和分析能力	□ 1. 能判断电解液密度是否正常 □ 2. 能判断蓄电池是否正常 □ 3. 能判断充电机是否正常充电	10	未完成1项扣3分	□熟练 □不熟练	□熟练 □不熟练	□合格 □不合格
6	表单填写报告的撰写能力	□ 1.字迹清晰 □ 2.语句通顺 □ 3.无错别字 □ 4.无涂改 □ 5.无抄袭	5	未完成1项扣1分，扣分不得超过5分	□熟练 □不熟练	□熟练 □不熟练	□合格 □不合格
总分：							

任务二

检修发电机

⚒ 任务目标

知识目标

1）掌握汽车发电机及调节器的作用与组成。

2）理解发电机的发电原理与整流原理。

技能目标

1）会检查、调整与更换发电机的传动带。

2）会拆装发电机总成,并会分解与组装发电机。

3）会检测发电机各部件。

素养目标

1）能在工作过程中与小组其他成员合作、交流,养成团队合作意识,锻炼沟通能力。

2）养成 7S 工作习惯。

3）养成服从管理、规范作业的工作习惯。

🚗 任务描述

一位丰田卡罗拉轿车用户将车开到维修站,反映该车正常行驶时仪表内的"充电指示灯"突然亮起,如图 2-19 所示,需要检修。

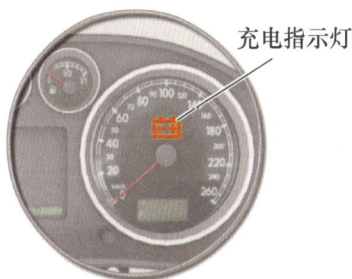

图 2-19　充电指示灯

相关知识

一、发电机的作用

发电机是汽车的主要电源,在整车上的位置如图 2-20 所示,其功用是在发动机正常运转时,向所有用电设备(起动机除外)供电,同时给蓄电池充电,如图 2-21 所示。

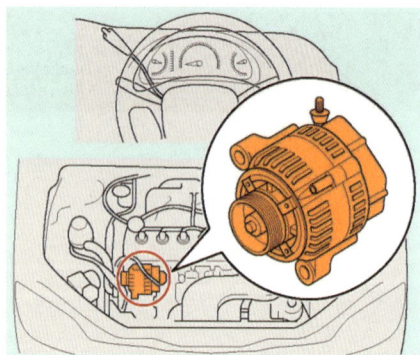

图 2-20 发电机在整车上的位置图

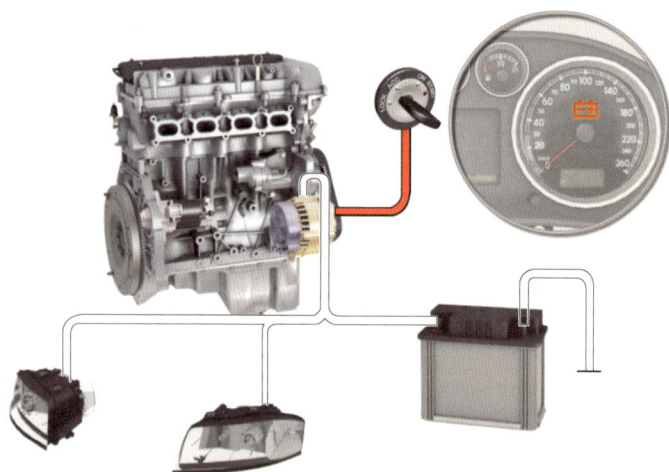

图 2-21 发电机的作用

汽车发电机可分为直流发电机和交流发电机，由于交流发电机的性能在许多方面优于直流发电机，直流发电机已被淘汰。目前汽车采用三相交流发电机，内部带有二极管整流电路，将交流电整流为直流电，所以汽车发电机输出的是直流电。

二、发电机的结构

普通交流发电机一般由转子、定子、整流器、前后端盖、风扇和带轮等组成，如图 2-22 所示。

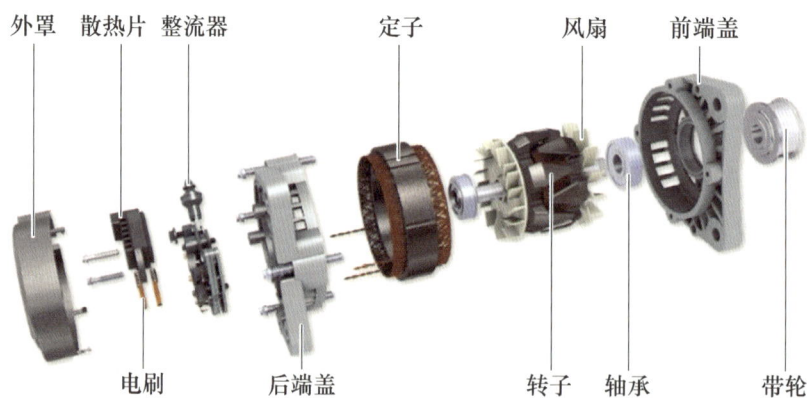

外罩 散热片 整流器   定子   风扇 前端盖

电刷   后端盖   转子 轴承 带轮

图 2-22 交流发电机组成

1. 转子

转子的功用是通电后产生磁场。它主要由爪极、磁场绕组、集电环（滑环）和转子轴等组成，如图 2-23 所示。

2. 定子

定子的功用是产生三相交流电，其结构如图 2-24所示，由定子铁心和三相定子绕组两部分组成。

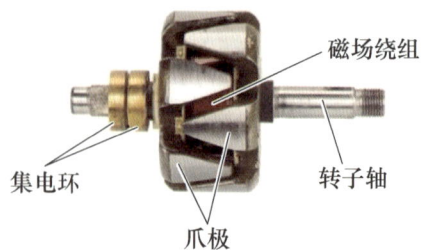

磁场绕组

集电环

转子轴

爪极

图 2-23 发电机转子的结构

图 2-24 发电机定子的结构

定子铁心由相互绝缘的内圆带槽的环状硅钢片叠加而成。定子槽内置有三相对称绕组，三相绕组大多数采用Y（也称为星形）联结，也有用△联结的。三相绕组在定子槽内的排列，空间上相隔120°，且每相绕组的线圈个数、每个线圈的匝数和每个线圈的节距都完全相等。

3. 整流器

整流器的功用是将三相绕组产生的交流电转变为直流电。如图 2-25 所示，整流器由正、负整流板组成，每个整流板上安装 3~4 个硅二极管。

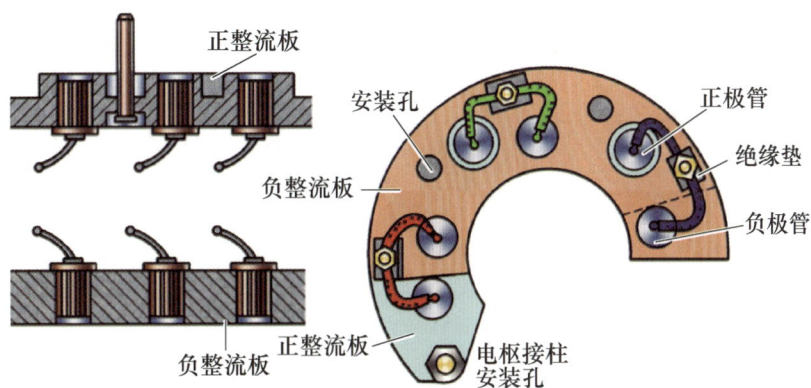

图 2-25 交流发电机整流器总成

外壳为正极、中心引线为负极的二极管，叫负极管；外壳为负极、中心引线为正极的二极管，称为正极管。

安装 3~4 只正极管的整流板称为正整流板。

安装 3~4 只负极管的整流板称为负整流板。

（1）6 个二极管整流器与整流电路　6 个二极管整流器是在正、负整流板各安装 3 个二极管，组成的三相桥式全波整流电路如图 2-26 所示。

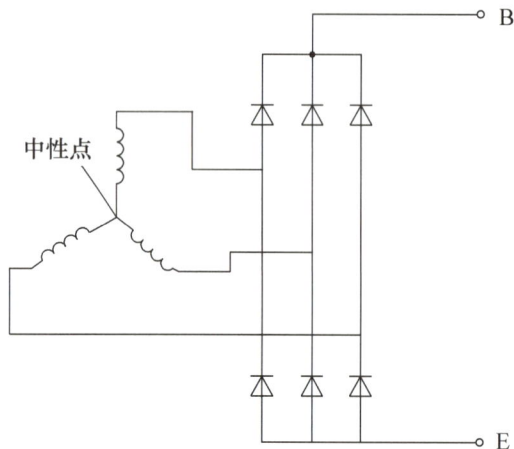

图 2-26　6 个二极管全波整流电路

（2）8 个二极管整流器与整流电路　8 个二极管整流器是在正、负整流板各安装 4 个二极管，它是在正、负整流板上各增加了 1 个中性点二极管，组成的三相桥式全波整流电路如图 2-27 所示。

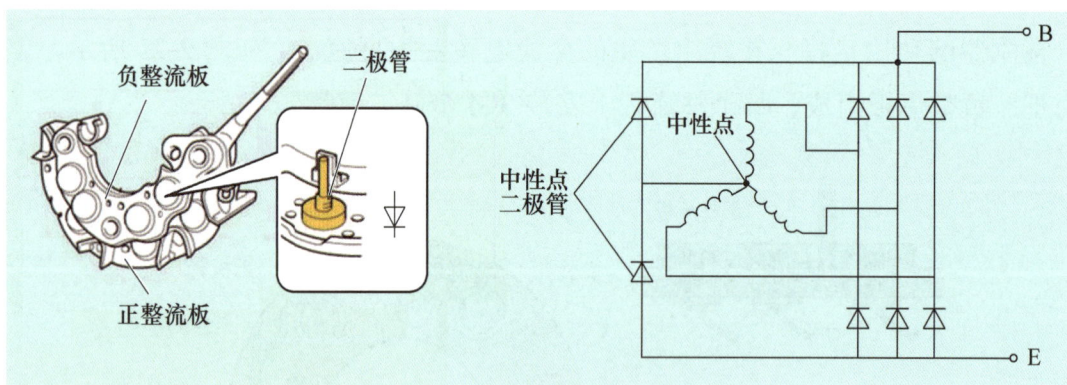

图 2-27　8 个二极管整流器与整流电路

4. 端盖及电刷组件

端盖一般分成两部分，即前端盖和后端盖，起支撑转子、定子、整流器和电刷组件的作用。端盖一般用铝合金铸造，一是可有效地防止漏磁，二是铝合金散热性能好。后端盖上装有电刷组件。

电刷组件由电刷、电刷架和电刷弹簧组成，如图 2-28 所示。

电刷的作用是将电源通过集电环引入励磁绕组。两个电刷分别装在电刷架的孔内，借助弹簧压力与集电环保持接触。电刷一般与调节器装为一体。电刷和集电环的接触应良好，否则会因为磁场电流过小，导致发电机发电不足。

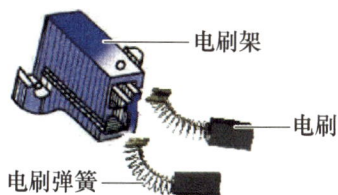

图2-28 电刷组件

5. 带轮与风扇

交流发电机的前端装有带轮，内部装有风扇，由发动机的传动带通过带轮驱动发电机的转子轴和风扇一起旋转。

发电机工作时，定子绕组和励磁绕组中都会有热量产生，若温度过高会烧坏导线的绝缘部分，导致发电机不能正常工作，为了提高散热能力，有的发电机还装有两个风扇（前、后各一个）。

三、交流发电机的工作原理

1. 电磁感应现象

电磁感应是指导体在变化的磁场中会产生感应电动势，如图2-29所示，当蓄电池通过电刷与集电环给转子的线圈通电时，转子线圈就会产生磁场，只要将转子转动，就会形成旋转的磁场，在磁场内的导体就会产生感应电动势。

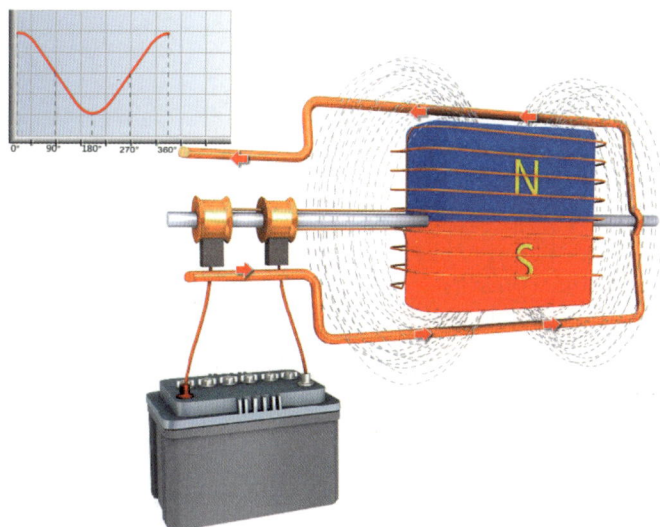

图2-29 电磁感应现象

2. 发电原理

发电机定子的三相绕组按一定规律分布在发电机的定子槽中，内部有一个转子，转子上安装着爪极和励磁绕组。

如图2-30所示，当外电路通过电刷使励磁绕组通电时，便产生磁场，使爪极被磁化为N极和S极。当转子旋转时，磁通交替地在定子绕组中变化，根据电磁感应原理可知，定子的三相绕组中便产生三相交变的感应电动势，这就是交流发电机的发电原理。

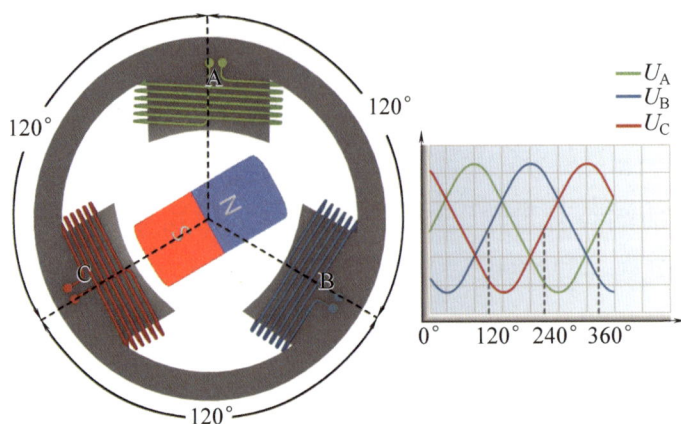

图 2-30　交流发电机发电原理示意图

3. 整流原理

交流发电机定子的三相绕组中，感应产生的是三相交流电，是通过6只二极管组成的三相桥式整流电路整流为直流电的，整流电路如图2-31a所示。

当发动机起动后，发电机定子的三相绕组产生三相交流电动势（图2-31b），输送到整流器的二极管，由于二极管具有单向导通性，当给二极管加上正向电压时二极管导通，当给二极管加上反向电压时二极管截止，使发电机整流器的输出端B、E上输出一个脉动直流电压，如图2-31c所示。

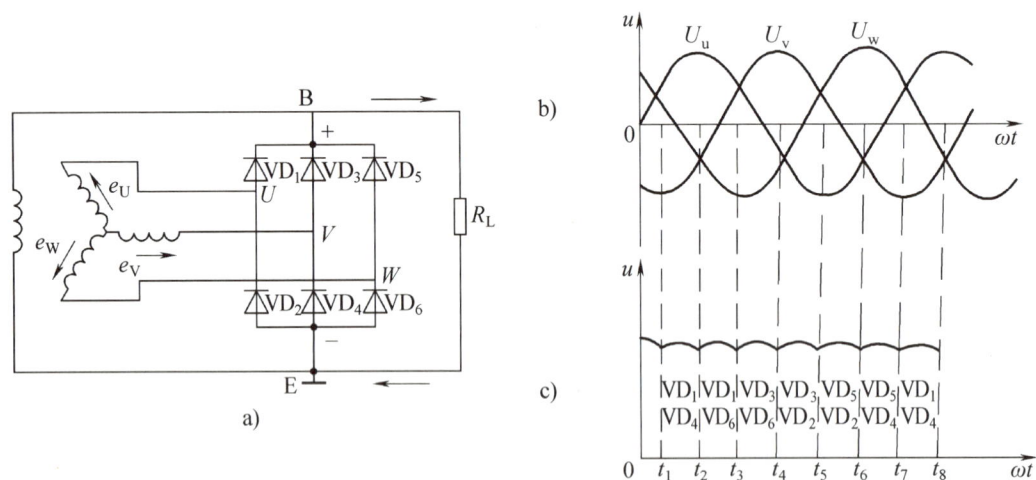

图 2-31　交流发电机整流原理

a）整流电路图　b）三相绕组电压波形图　c）整流后发电机输出

三相桥式整流电路中二极管依次循环导通，当3只正二极管负极端连接在一起时，正极端电位最高者导通；当3只负二极管正极端连接在一起时，负极端电位最低者导通，如图2-32所示，使得负载得到一个比较平稳的脉动直流电压。

图 2-32 二极管的导通顺序

4. 交流发电机的励磁方式

汽车上使用的交流发电机都需要励磁，因为它们的磁场都是电磁场，必须给励磁绕组通电才会有磁场产生而发电，否则发电机将不能发电。

将电流引入到励磁绕组使之产生磁场称为励磁。交流发电机励磁方式有自励和他励两种。

（1）他励　在发电机转速较低时（发动机未达到怠速转速），自身不能发电，需要蓄电池供给发电机励磁绕组电流，使励磁绕组产生磁场来发电。这种由蓄电池供给磁场电流发电的方式称为他励发电，如图 2-33 所示。

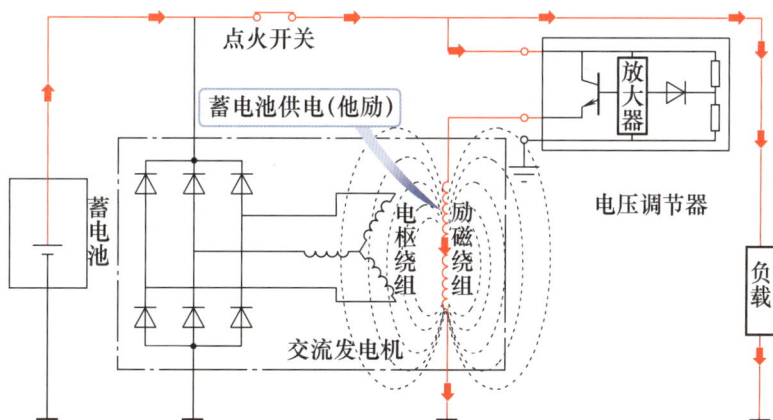

图 2-33 他励发电

（2）自励　随着转速的提高（一般在发动机达到怠速时），发电机定子绕组的电动势逐渐升高并能使整流器二极管导通，当发电机的输出电压 U_B 大于蓄电池电压时，发电机就能对外供电了。当发电机能对外供电时，就可以把自身发的电供给励磁绕组，这种自身供给磁场电流发电的方式称为自励发电，如图 2-34 所示。

交流发电机励磁过程是先他励后自励。当发动机达到正常怠速转速时，发电机的输出电压一般高出蓄电池电压 1~2V，以便对蓄电池充电，此时，由发电机自励发电。

43

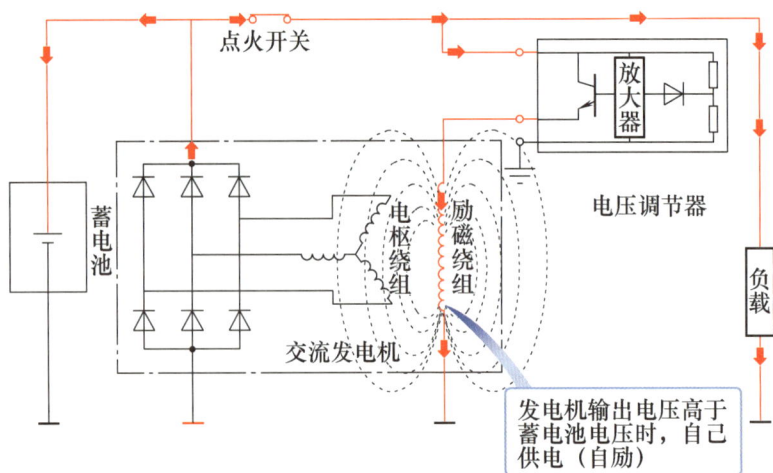

图 2-34　自励发电

四、电压调节器

1. 电压调节器的功用

电压调节器一般安装在发电机的内部。它的功用是使交流发电机的输出电压保持恒定（一般为 13~14V）。由于交流发电机的转子是由发动机通过传动带驱动旋转的，且发动机和交流发电机的速比为 1.7~3，因此交流发电机转子的转速变化范围非常大，这样将引起发电机的输出电压发生较大变化，无法满足汽车用电设备的工作要求。为了满足用电设备恒定电压的要求，交流发电机必须配用电压调节器，使其输出电压在发动机所有工况下基本保持恒定。

2. 电压调节器的基本原理

由交流发电机的工作原理可知，交流发电机的三相绕组产生的相电动势的有效值

$$E_\Phi = C_e \Phi n$$

式中　E_Φ——电动势，单位为 V；

　　　C_e——发电机的结构常数；

　　　n——发电机转子转速，单位为 r/min；

　　　Φ——转子的磁极磁通，单位为 Wb。

上式说明交流发电机所产生的感应电动势与转子转速和磁极磁通成正比。所以，交流发电机电压调节器的基本工作原理是：当交流发电机的转速升高时，电压调节器通过减小发电机的励磁电流 I_f 来减小磁通 Φ，使发电机的输出电压 U_B 保持不变；当发电机转速下降时，可通过增大励磁电流，从而使输出电压保持恒定。

3. 电子式电压调节器的结构与工作原理

现在轿车发电机都采用电子式电压调节器,如图 2-35 所示,它的内部主要由电子元件组成。

电子式电压调节器的工作原理是:当发电机输出电压较低时,稳压二极管处于截止状态,VT_2 也处于截止状态,此时 VT_1 有基极电流而导通,给发电机励磁绕组供电,发电机电压升高,如图 2-36 所示。当发电机输出电压上升到调节器的电压调整值时,稳压二极管被击穿,VT_2 有基极电流而导通,此时 VT_1 基极电位为 0 而截止,切断了励磁电流,发电机因无励磁电流,输出电压便下降,如图 2-37 所示。

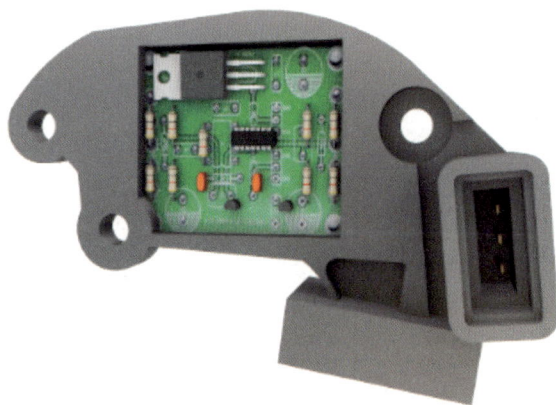

图 2-35　电子式电压调节器的内部结构

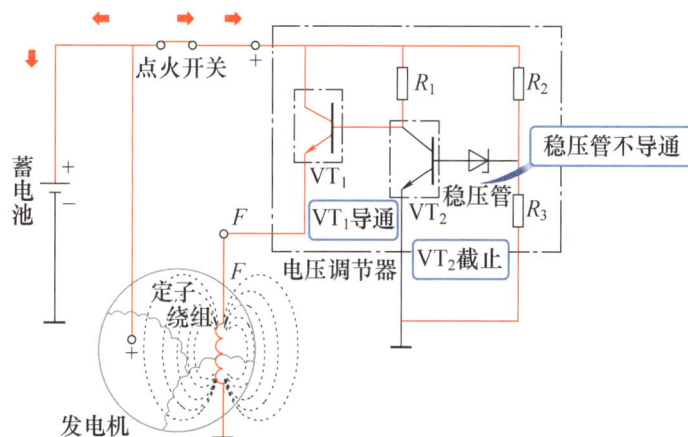

图 2-36　发电机输出电压较低时

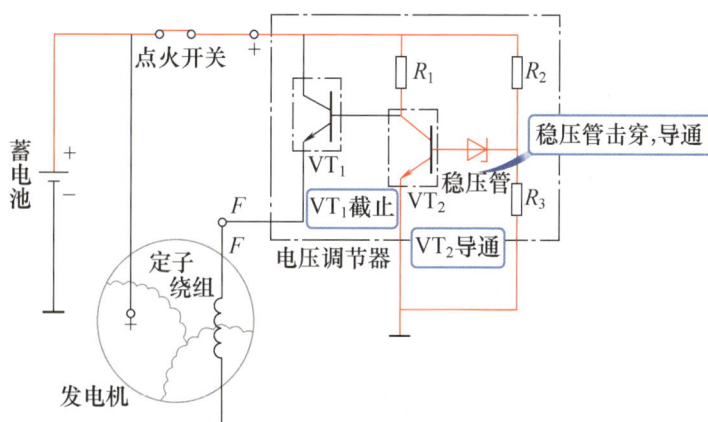

图 2-37　发电机输出电压较高时

4. 集成电路式电压调节器的工作原理

集成电路式电压调节器是利用集成电路（IC）组成的调节器，可分为全集成电路式电压调节器和混合集成电路式电压调节器两类。前者是将二极管、晶体管、电阻、电容等电子元件同时制成在一块硅基片上；后者是用厚膜或薄膜电阻与集成的单片芯片或分立元件组装而成，使用最广泛的是厚膜混合集成电路式电压调节器。

集成电路式电压调节器的基本工作原理与晶体管电压调节器完全一样，都是利用晶体管的开关特性控制发电机励磁电流来达到稳定发电机输出电压的目的。

以丰田车系发电机内装集成电路式电压调节器及充电系统电路为例，详解其工作原理，如图2-38所示，该发电机调节器是由一块单片集成电路和晶体管等组成的混合集成电路式调节器，装于发电机内部，构成整体式交流发电机，调节器为内装式外搭铁型。

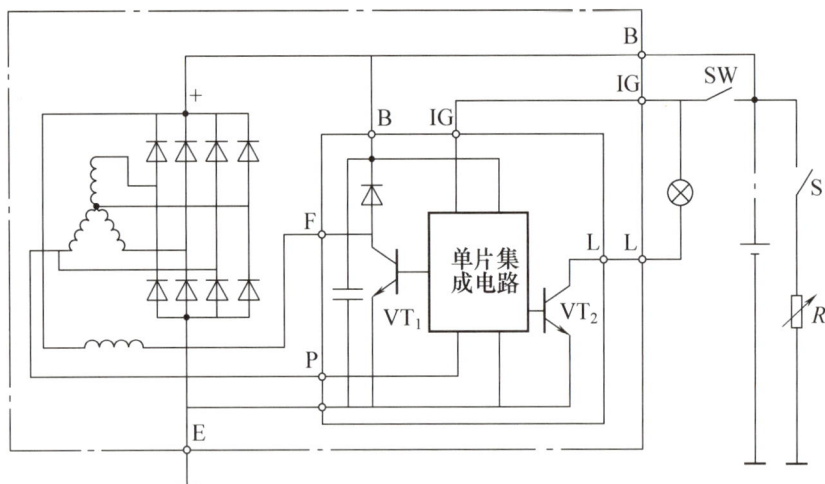

图 2-38　集成电路式电压调节器及充电系统电路

该调节器有6个接线端子，F、P、E 3个端子用螺钉直接和发电机连接，B端子用螺母固定在发电机的输出端子"B"上，IG、L两个端子用金属线引到调节器的外部接线插座上。

（1）励磁电流　VT$_1$是大功率晶体管，与励磁电路串联，由集成电路（IC）控制VT$_1$的导通和截止，从而控制励磁电路的通断，使发电机电压得到控制。

（2）充电指示灯　充电指示灯串接在VT$_2$集电极上，VT$_2$导通充电指示灯亮，VT$_2$截止充电指示灯熄灭。在集成电路（IC）片中有控制VT$_2$导通和截止的电路，控制信号由P点提供，P点提供的是发电机单相电压的交流信号，其信号幅值大小可反映发电机输出电压的高低。

当发电机输出电压低于蓄电池电压时，IC控制电路VT$_2$导通，充电指示灯亮，当发电机输出电压高于蓄电池电压时，IC控制电路VT$_2$截止，充电指示灯熄灭。

五、充电指示灯控制电路

为了随时监测发电机工作是否正常，在组合仪表内安装有充电指示灯，如图 2-19 所示。发动机运行后，当充电系统工作正常时，充电指示灯应熄灭；充电系统工作不正常时，充电指示灯点亮。

部分车型安装的发电机为了对充电指示灯进行控制，在整流器上除安装 6 只大功率整流二极管外，还有 3 只小功率励磁二极管，变成了 9 个二极管的整流器。

在发动机起动期间，发电机不能对外输出电压，此时由蓄电池供给磁场电流，电流路径为：蓄电池 + →点火开关 SW →充电指示灯→电压调节器→磁场绕组→搭铁，充电指示灯点亮，如图 2-39 所示。

图 2-39 发电机不发电时

当发动机起动后，发电机应能正常发电并对外输出，此时发电电压大于蓄电池电压，发电机自励发电，充电指示灯两端电压降为零，指示灯熄灭，如图 2-40 所示。

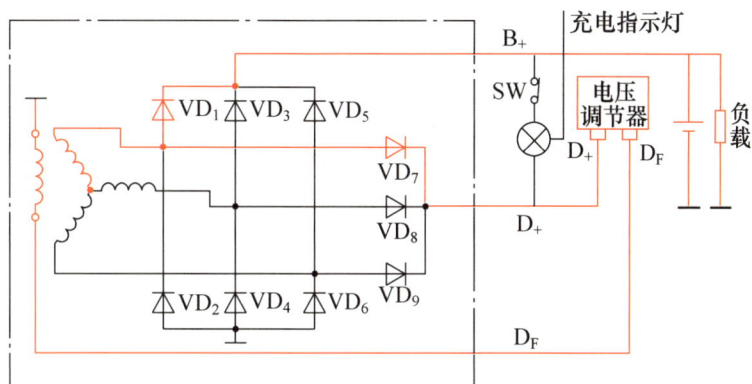

图 2-40 发电机发电时

检修发电机	学习任务单	班级：
		姓名：

1. 发电机是汽车的主要电源，其功用是在发动机正常运转时，向所有用电设备（起动机除外）供电，同时给_____充电。

2. 写出下图直线所指部件的名称。

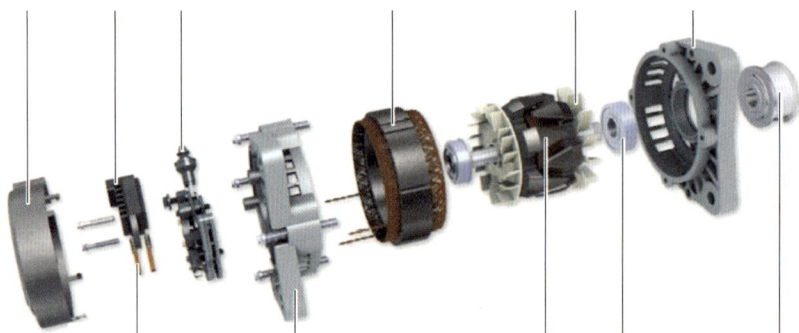

3. 转子的功用是通电后产生_____。它主要由爪极、_____、集电环（滑环）和转子轴等组成。

4. 定子的功用是产生_____，它由定子铁心和三相定子_____两部分组成。三相绕组大多数采用_____（也称为星形）联结。

5. 整流器的功用是将三相绕组产生的交流电转变为_____，整流器由正、负整流板组成，每个整流板上安装 3~4 个_____。

6. 当蓄电池通过电刷与集电环给转子的线圈通电时，转子线圈就会产生_____，只要将转子转动，就会形成旋转的磁场，在磁场内的导体就会产生感应电动势。

7. 汽车上使用的交流发电机都需要励磁，因为它们的磁场都是电磁场，必须给励磁绕组通电才会有磁场产生而发电，否则发电机将不能发电。将电流引入到励磁绕组使之产生磁场称为_____。交流发电机励磁方式有自励和_____两种。

8. 电压调节器的功用是使交流发电机的输出电压保持恒定。当发动机转速增大或减小时，它是通过减小或增大发电机的励磁电流，从而使输出电压保持恒定，使其输出电压在发动机所有工况下基本保持恒定（一般为_____V）。

9. 发动机运行后，当充电系统工作正常时，充电指示灯应熄灭，充电系统工作不正常时，充电指示灯_____。

任务实施

实训器材

整车或实训台架、万用表、测试灯、常用维修工具和维修手册等。

作业准备

1）车辆在工位停放周正。

2）铺好车内和车外护套。

操作步骤

一、发电机的就车检查

1. 充电指示灯的检查

当打开点火开关不起动发动机时查看仪表盘充电指示灯是否点亮，如图 2-41 所示。如不亮应检查相应电路或充电指示灯熔丝是否熔断，指示灯灯泡是否损坏，如有损坏应更换。然后起动发动机，当发动机正常运转时充电指示灯应熄灭，否则说明充电系统存在故障。

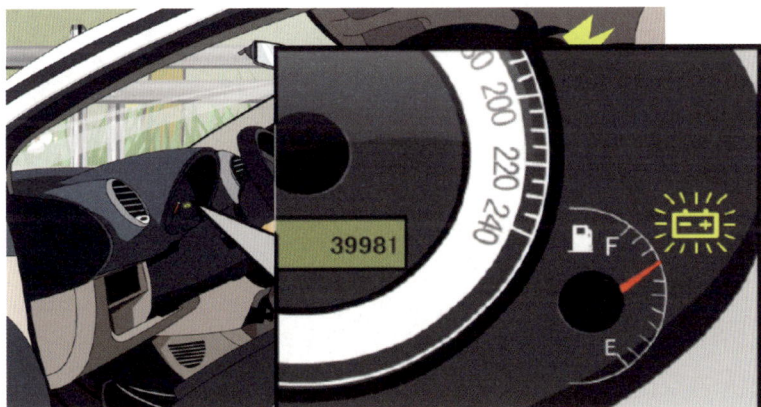

图 2-41　充电指示灯检查

2. 励磁电路的检查

在打开点火开关状态下用一金属物体（扳手或螺钉旋具）检查发电机转子轴有无磁性，如图 2-42 所示，如有说明发电机励磁电路良好，如没有应检查发电机励磁电路有无输入电压，如有电压则检查电压调节器及励磁绕组有无损坏。

3. 发电机运行状态的检查

在发动机运转状态下用万用表检查发电机的输出电压，在 2500r/min 的情况下发电机的输出电压应在 14V 左右，如图 2-43 所示。

图 2-42　励磁磁场的检查

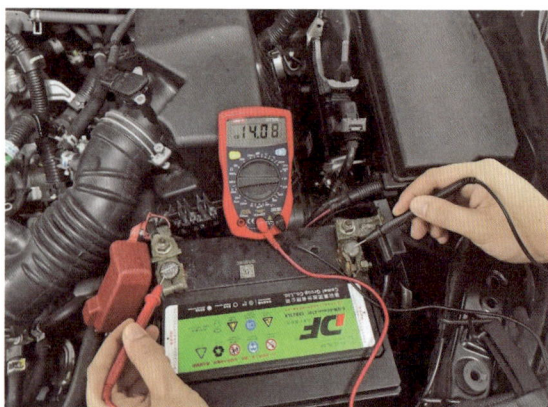

图 2-43　发电机运行状态检查

4. 发电机传动带张紧力的检查与调整

（1）传动带张紧力的检查方法　用手指压下传动带的中部，下沉量约 10mm，如图 2-44 所示。若压下量过大，说明发电机传动带过松，应调整。

（2）传动带松紧度的调整方法　拧松发电机的固定螺栓 A、B 和调整支架的固定螺栓 D，通过拧进和拧出调整支架上的调整螺栓 C 即可调节传动带的张紧力，如图 2-45 所示。待张紧力调整合适后再拧紧螺栓 A、B、D。

图 2-44　传动带张紧力的检查

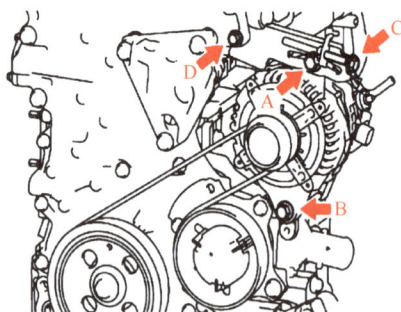

图 2-45　传动带松紧度的调整

发电机的拆卸

二、发电机总成的拆装、分解与检修

（一）发电机总成的拆装

1）拆下蓄电池负极端子。

2）断开发电机电缆及插接器。

3）松开并取下发电机与调整支架的固定螺栓。

4）将调整支架上的传动带张力调整螺栓拧出一定距离，如图 2-46 所示。

5）用手或撬棍将发电机推向发动机侧，如图 2-47 所示。

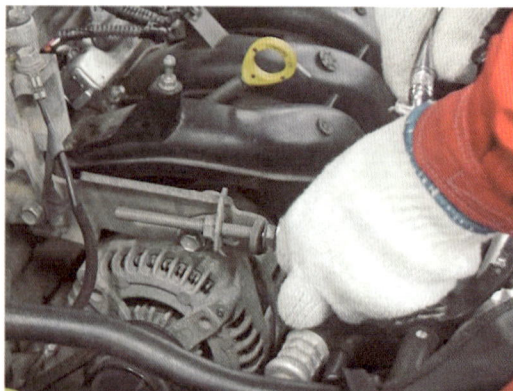

图 2-46　拧出一定距离

6）取下传动带。

7）松开并取下发电机与下支座的固定螺栓。

8）将发电机摇松，取出发电机。

9）按相反的顺序安装发电机总成。

10）检查传动带是否偏斜及其松紧度等。

（二）发电机总成的分解与组装

1）拧下防尘盖的三个固定螺钉，并取下防尘盖，如图 2-48 所示。

2）拧下电刷组件的两个固定螺钉，取下电刷与电压调节器组件。

3）拆下整流器总成，如图 2-49 所示。

扫一扫

发电机的分解

扫一扫

发电机的组装

图 2-47　将发电机推向发动机侧

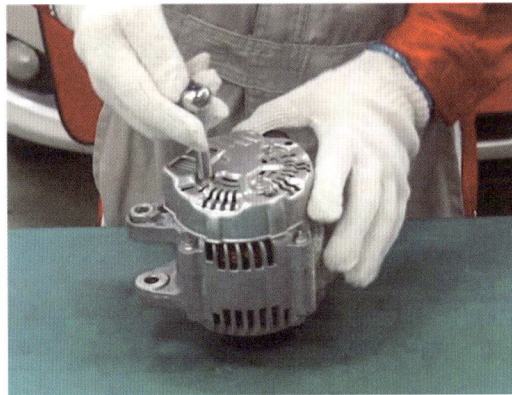

图 2-48　拧下防尘盖的三个固定螺钉

4）拧下前后端盖的连接螺栓，用橡胶锤轻敲后端盖，使前后端盖分离，如图 2-50 所示。

5）拆下传动带轮固定螺母，从转子上取下传动带轮和前端盖。

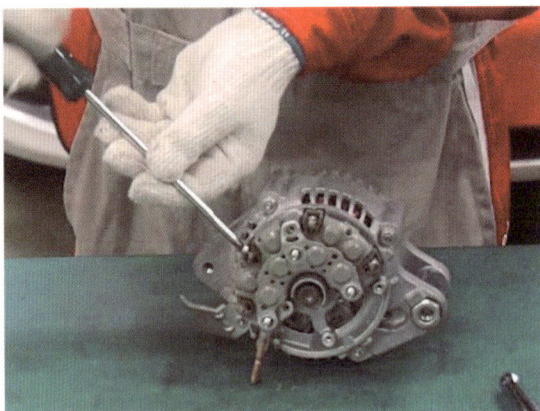

图 2-49　拆下整流器总成

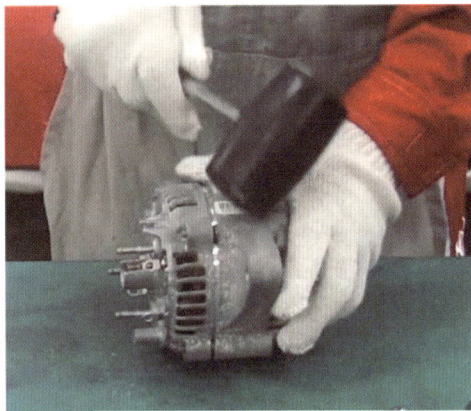

图 2-50　用橡胶锤轻敲后端盖

6）用布或棉纱蘸适量清洗剂擦洗转子绕组、定子绕组、电刷及其他机件。

7）按拆卸的相反顺序装复。装复后，转动发电机带轮，转子应转动平顺，无摩擦及碰击声。

（三）发电机解体后的检测

1. 转子的检修

（1）**外观检查** 转子的励磁绕组应无烧焦，集电环表面应无明显的沟槽，无明显烧蚀，轻微沟槽可用0号砂纸打磨；两集电环间隙处应无积聚物。

（2）**转子绕组短路与断路的检查** 用数字万用表的低电阻档检测两集电环之间的电阻，若阻值为"∞"，则说明断路；若阻值过小，则说明短路。一般阻值为$3.5\sim6\Omega$，若断路或短路一般都是整体更换发电机，如图2-51所示。

（3）**转子绕组搭铁检查** 检查转子绕组与铁心（或转子轴）之间的绝缘情况。如图2-52所示，用万用表电阻档检测两集电环与铁心（或转子轴）之间的导通情况。若电阻为零，说明有搭铁故障，正常为"∞"。

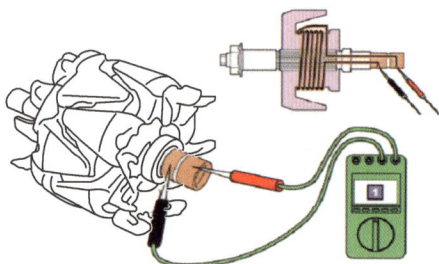

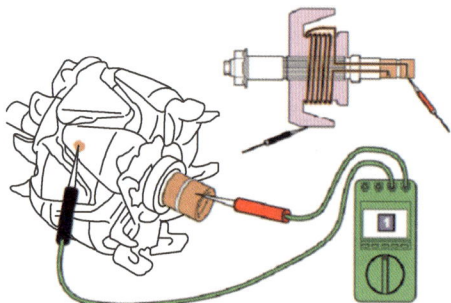

图 2-51　转子的检测　　　　图 2-52　转子绕组搭铁检查

2. 定子的检修

（1）**外观检查** 定子绕组应无烧焦的痕迹，否则更换发电机总成。

（2）**定子绕组断路的检查** 用数字万用表的低电阻档检测定子绕组的3个接线端，两两接线端分别测量。正常时，阻值小于1Ω且相等，如阻值为"∞"，说明断路；阻值为零，说明短路，若断路或短路一般都要整体更换发电机，如图2-53所示。

（3）**定子绕组搭铁检查** 检查定子绕组与定子铁心绝缘情况。用数字万用表电阻档测量定子绕组接线端与铁心间的电阻，若电阻过小，说明有绝缘不良故障。正常应指示"∞"，如图2-54所示。

3. 整流器的检修

（1）**正极管的检修** 用数字万用表的电阻档，黑表笔接整流器输出端子，红表笔分别接整流器各接线柱，均应导通，否则说明该二极管断路，应更换整流器或发电机总成；如导通，再调换两表笔进行测试，此时万用表均应不导通，否则说明二极管短路，应更换整流器或发电机总成，如图2-55所示。

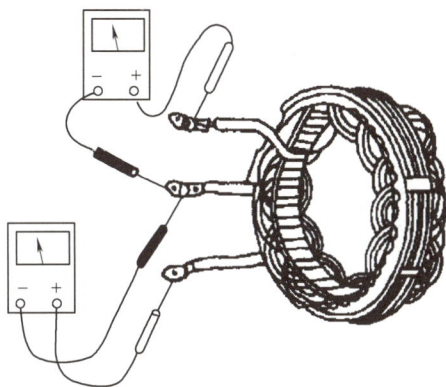

图 2-53 定子的检测

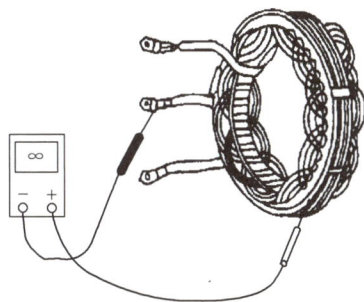

图 2-54 定子绕组搭铁检查

（2）负极管的检修 用数字万用表的电阻档，红表笔接整流器负极管的外壳，黑表笔分别接整流器各接线柱，万用表均应导通，否则说明该二极管断路，应更换整流器或发电机总成；如导通，再调换两表笔进行测试，此时万用表均应不导通，否则说明二极管短路，应更换整流器或发电机总成，如图 2-56 所示。

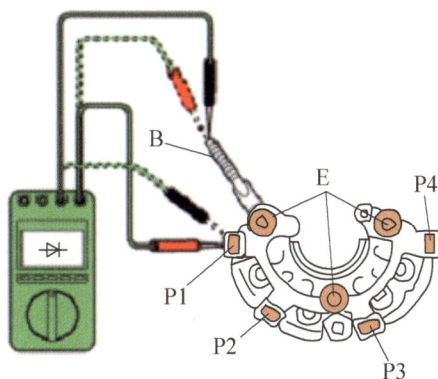

图 2-55 检测正极管

4. 电刷组件的检查

电刷表面不得有油污，且应在电刷架中活动自如，电刷磨损不得超过原高度的 1/2（标准长度为 10.5mm）；电刷架应无烧损、破裂或变形，如图 2-57 所示。

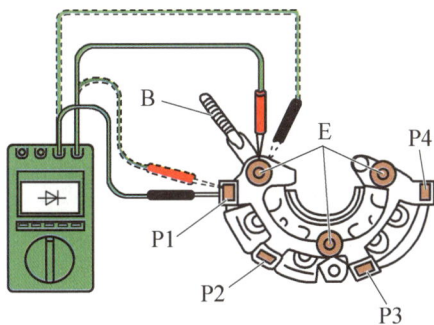

图 2-56 检测负极管

图 2-57 电刷组件检查

检修发电机	工作任务单	班级：
		姓名：

1. 车辆信息的记录

品牌		整车型号		生产年月	
发动机型号		发动机排量		行驶里程	
车辆识别代号					

2. 发电机的就车检查

作业项目	检查结果与数据	判定
充电指示灯		正常□　异常□
发电机输出电压		正常□　异常□
传动带张紧力		正常□　异常□
励磁电路测量		正常□　异常□

3. 发电机的解体

作业项目	记录	作业项目	记录
拆卸电刷组件	已执行□　否□	拆卸传动带轮、半圆键	已执行□　否□
拆卸后防尘盖	已执行□　否□	拆卸散热风扇	已执行□　否□
拆卸定子总成	已执行□　否□	拆卸前防尘盖	已执行□　否□
拆卸整流器总成	已执行□　否□	分离转子总成	已执行□　否□

4. 发电机解体后的检测

作业项目		记录	判定	作业项目		记录	判定
检修转子	外观检查		正常□　异常□	检修定子	外观检查		正常□　异常□
	绕组断路测量		正常□　异常□		绕组断路测量		正常□　异常□
	绕组短路测量		正常□　异常□		绕组短路测量		
检修整流器	正极管检查		正常□　异常□	检查电刷	电刷长度		正常□　异常□
	负极管检查		正常□　异常□				

5. 查阅维修手册

序号	部件名称	章节及页码	规格（米制）
1		第　　章　　页	
2		第　　章　　页	
3		第　　章　　页	

检修发电机			实习日期：		导师签名：
姓名：		班级：	学号：		
自评：□熟练　□不熟练		互评：□熟练　□不熟练	师评：□合格　□不合格		
日期：		日期：	日期：		

检修发电机【评分细则】

序号	评分项	得分条件	分值	评分要求	自评	互评	师评
1	安全 /7S/ 态度	□ 1. 能进行工位 7S 操作 □ 2. 能进行设备和工具安全检查 □ 3. 能进行车辆安全防护操作 □ 4. 能进行工具清洁、校准、存放操作 □ 5. 能进行三不落地操作	15	未完成 1 项扣 3 分，扣分不得超过 15 分	□熟练 □不熟练	□熟练 □不熟练	□合格 □不合格
2	专业技能能力	作业 1 □ 1. 能正确地检查充电指示灯 □ 2. 能正确地检查励磁电路 □ 3. 能正确地测量发电机输出电压 □ 4. 能正确地检查传动带张紧力 □ 5. 能正确地调整传动带张紧力 作业 2 □ 1. 能正确地拆卸电刷组件 □ 2. 能正确地拆卸后防尘盖 □ 3. 能正确地拆卸定子总成 □ 4. 能正确地拆卸整流器 □ 5. 能正确地分离转子总成 作业 3 □ 1. 能正确地检查转子外观 □ 2. 能正确地测量转子绕组断路 □ 3. 能正确地测量转子绕组短路 □ 4. 能正确地检查定子外观 □ 5. 能正确地测量定子绕组断路 □ 6. 能正确地测量定子绕组短路 □ 7. 能正确地测量整流器正极管 □ 8. 能正确地测量整流器负极管 □ 9. 能正确地测量电刷长度	50	未完成 1 项扣 3 分，扣分不得超过 50 分	□熟练 □不熟练	□熟练 □不熟练	□合格 □不合格
3	工具及设备的使用能力	□ 1. 能正确地使用维修工具 □ 2. 能正确地选用万用表 □ 3. 能正确地使用游标卡尺	10	未完成 1 项扣 3 分	□熟练 □不熟练	□熟练 □不熟练	□合格 □不合格
4	资料、信息查询能力	□ 1. 能正确地识读维修手册并查询资料 □ 2. 能正确地使用用户手册查询资料 □ 3. 能正确记录所查询资料的章节及页码 □ 4. 能正确记录所需维修信息	10	未完成 1 项扣 2 分	□熟练 □不熟练	□熟练 □不熟练	□合格 □不合格
5	数据判断和分析能力	□1. 能判断转子总成是否正常 □2. 能判断定子总成是否正常 □3. 能判断整流器是否正常 □4. 能判断电刷是否能正常使用	10	未完成 1 项扣 3 分，扣分不得超过 10 分	□熟练 □不熟练	□熟练 □不熟练	□合格 □不合格
6	表单填写报告的撰写能力	□1. 字迹清晰 □2. 语句通顺 □3. 无错别字 □4. 无涂改 □5. 无抄袭	5	未完成 1 项扣 1 分，扣分不得超过 5 分	□熟练 □不熟练	□熟练 □不熟练	□合格 □不合格
总分：							

项目三 / Project 3

起动系统

任务

检修起动系统

任务目标

知识目标

1）掌握汽车起动系统的作用及组成。

2）能认识起动系统各元件及其在汽车上的安装位置。

3）理解汽车起动系统的工作过程。

技能目标

1）会拆装起动机总成，并会分解与组装起动机。

2）会检测起动机各部件。

素养目标

1）能在工作过程中与小组其他成员合作、交流，养成团队合作意识，锻炼沟通能力。

2）养成 7S 工作习惯。

3）养成服从管理、规范作业的工作习惯。

任务描述

一位丰田卡罗拉轿车车主打电话到服务站，反映旋转点火开关到起动档时，听不到起动机运转的声音，发动机无法起动，需要服务站派人到现场维修。

相关知识

一、起动系统的功用

汽车起动系统的功用是通过起动机将蓄电池的电能转换成机械能，再带动发动机运转，如图 3-1 所示。

二、起动系统的组成

汽车起动系统主要由蓄电池、控制电路（包含点火开关和起动继电器）和起动机 3 部分组成，如图 3-2 所示。

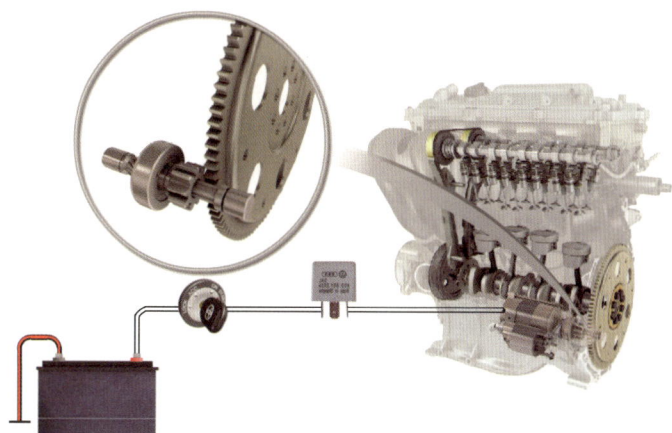

图 3-1　起动系统的功用

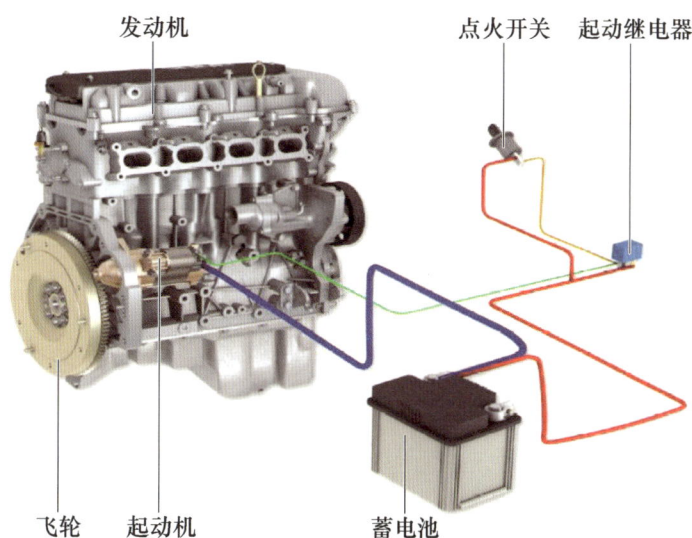

发动机　点火开关　起动继电器

飞轮　起动机　蓄电池

图 3-2　起动系统的组成

三、起动机的结构与工作原理

　　起动机俗称马达，它的作用是把蓄电池的电能转换为机械能，产生电磁转矩，通过传动机构将发动机起动，发动机起动后，便立即停止工作。图 3-3 为起动机的结构，它由直流电动机、传动机构（啮合机构）和控制装置（即电磁开关）3 部分组成。

传动机构　控制装置　直流电动机

图 3-3　起动机的结构

1. 直流电动机

　　直流电动机的作用是将蓄电池输入的电能转换为机械能，产生电磁转矩。一般均采用直流串励式电动机。"串励"是指电枢绕组与励磁绕组串联。

（1）**结构**　串励直流电动机主要由壳体、定子绕组、电枢、电刷及电刷架和前后端盖等组成，如图3-4所示。

电刷架　电刷　定子绕组　转子（电枢）

前端盖　　　　　定子铁心　　　　壳体　后端盖

图3-4　直流电动机的组成

1）定子绕组。定子绕组的作用是通电后产生磁场。定子绕组缠绕在定子铁心上，并通过螺钉固定在机壳上，一般是4个，两对绕组相对交错安装在电动机壳体内侧，如图3-5a所示。4个励磁绕组可互相串联后再与电枢绕组串联，也可两两串联后并联再与电枢绕组串联，如图3-5b所示。

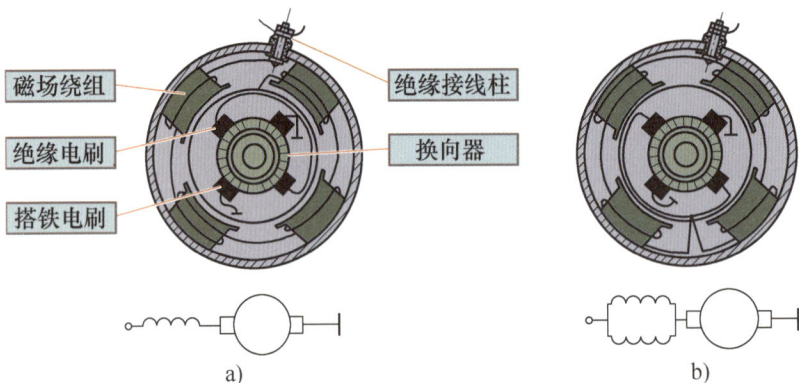

磁场绕组　　　　　　　　　绝缘接线柱

绝缘电刷　　　　　　　　　换向器

搭铁电刷

a)　　　　　　　　　　　b)

图3-5　定子绕组的接法

a）4个绕组相互串联　b）两串两并

2）电枢（转子）。电枢（转子）的作用是产生电磁转矩。它主要由电枢轴、电枢铁心、电枢绕组和换向器等组成。电枢总成如图3-6所示，电枢铁心是由许多相互绝缘的硅钢片叠装而成，其圆周表面上有槽，用来安放电枢绕组，电枢绕组用矩形截面的裸铜条绕制，绕线形式多采用波绕法。

换向器装在电枢轴上，它由许多换向片组成。换向片嵌装在轴套上，各换向片之间用云母绝缘。

3）电刷及电刷架。电刷及电刷架的作用是将电流引入电枢的换向器。一般有4个电刷及电刷架，如图3-7所示。电刷架固定在前端盖上，其中两个对置的电刷架与端盖绝缘，称为绝缘电刷架；另外两个对置的电刷架与端盖直接铆合而搭铁，称为搭铁电刷架。

图 3-6　电枢总成

图 3-7　电刷及电刷架的结构

电刷由铜粉与石墨粉压制而成，加入铜粉是为了减少电阻并增加耐磨性。电刷装在电刷架中，借弹簧压力将它紧压在换向器铜片上。电刷弹簧的压力一般为12~15N。

（2）工作原理　直流电动机是根据通电导体在磁场中受到磁场力作用而发生运动的原理制成的。其工作原理如图 3-8 所示，电动机工作时，电流经励磁绕组（定子绕组）产生磁场，再通过电刷和换向器流入电枢绕组，通电的电枢绕组就会受到电磁力的作用，通过左手定则，可以判断产生逆时针方向的电磁转矩使电枢转动。

图 3-8 只列举了电枢绕组中的一匝线圈的工作过程，实际上，直流电动机电枢是由很多组线圈组成的，换向器的铜片数量也随线圈数量的增加而增加。

2. 传动机构

传动机构的作用是把直流电动机产生的转矩传递给飞轮齿圈，再通过飞轮齿圈把转矩传递给发动机的曲轴，在发动机起动后，单向啮合器齿轮与飞轮齿圈自动打滑脱离。传动机构一般由单向啮合器（也称单向离合器）和拨叉等组成，如图 3-9 所示。

图 3-8　直流电动机的工作原理

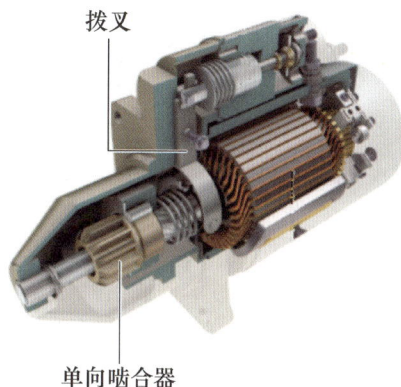

图 3-9　传动机构的组成

（1）单向离合器的作用与类型　单向离合器的作用是传递电动机转矩，拖动发动机，而在发动机起动后自动打滑，保护起动机电枢由于发动机转速过高而不致

飞散。常用的单向离合器主要有滚柱式、摩擦片式和扭力弹簧式等几种，如图 3-10 所示。

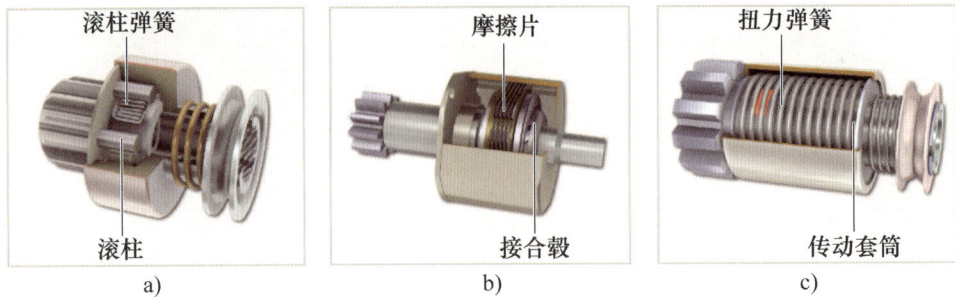

图 3-10　单向离合器的类型

a）滚柱式单向离合器　b）摩擦片式单向离合器　c）扭力弹簧式单向离合器

（2）结构与工作原理　以滚柱式单向离合器为例讲解，单向离合器的结构和工作情况比较复杂，它主要由单向离合器外壳、滚柱、滚柱弹簧和花键套筒等组成。

起动时，起动机带动发动机旋转，离合器外壳转速快于花键套筒，滚柱被挤到楔形槽的窄端，并越挤越紧，使花键套与外壳卡紧，输出电动机转矩，如图 3-11 所示。发动机起动后，飞轮带动单向离合器旋转，此时花键套筒转速快于单向离合器外壳，滚柱滚入楔形槽的宽端，花键套筒与外壳打滑，两者之间不能传递力矩，如图 3-12 所示。

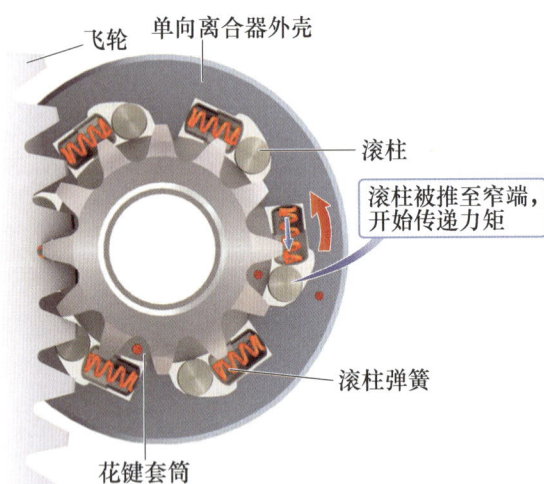

图 3-11　起动时单向离合器的工作状态

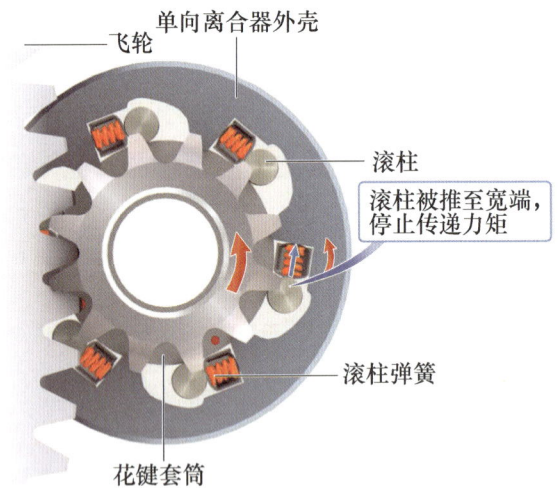

图 3-12　起动后单向离合器的工作状态

3. 控制装置（电磁开关）

（1）结构　控制装置的作用是控制单向离合器的驱动齿轮和飞轮的啮合与分离，并且控制直流电动机电路的接通与切断。如图 3-13 所示，它主要由吸引线圈、保持线圈、复位弹簧、活动铁心、接触片和接线柱等组成。

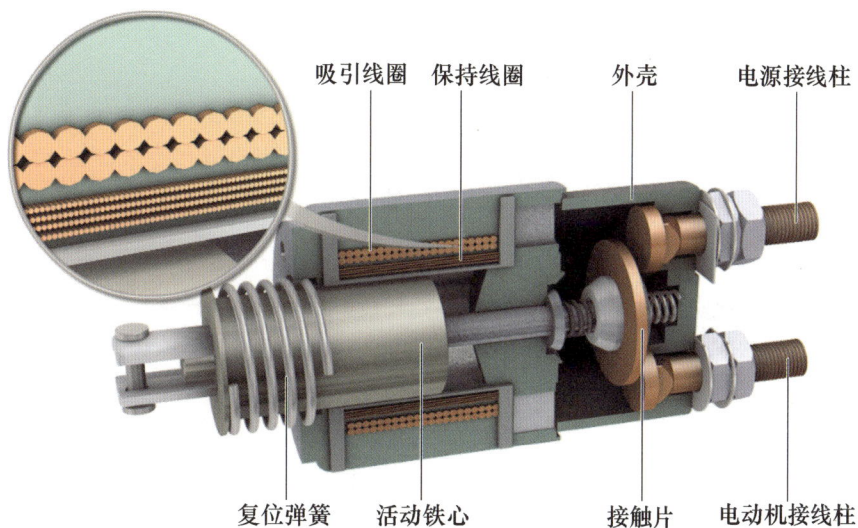

图 3-13　电磁开关的结构

（2）工作原理　电磁开关的基本工作过程：当点火开关打到起动档后，保持线圈的电流经线圈后直接搭铁，吸引线圈的电流通过线圈后未直接搭铁，而是进入电动机的励磁绕组和电枢后再搭铁。两线圈通电后产生较强的电磁力，克服复位弹簧弹力使活动铁心向左移动，一方面通过拨叉带动驱动齿轮向右移动与飞轮齿圈啮合，另一方面推动接触片移向接线柱的两个触点，在驱动齿轮与飞轮齿圈进入啮合后，接触片将两个主触点接通，使电动机通电运转，如图 3-14 所示。在驱动齿轮进入啮合之前，由于经过吸引线圈的电流经过了电动机，所以电动机在这个电流的作用下会产生缓慢旋转，以便于驱动齿轮与飞轮齿圈进入啮合。在两个主接线柱触点接通之后，蓄电池的电流直接通过主触点和接触片进入电动机，使电动机进入正常运转，此时通过吸引线圈的电路被短路，因此，吸引线圈中无电流通过，主触点接通的位置靠保持线圈来保持，如图 3-15 所示。发动机起动后，驾驶人将点火开关回位，切断起动电路，保持线圈断电，在复位弹簧的作用下，活动铁心回位，切断了电动机的电路，同时也使驱动齿轮与飞轮齿圈脱离啮合。

图 3-14　电磁开关的工作原理（1）

电磁开关的工作原理

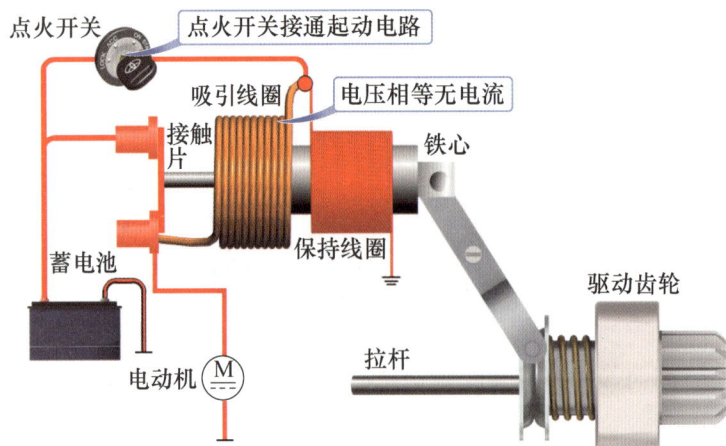

图 3-15　电磁开关的工作原理（2）

四、起动系统控制电路

起动系统控制电路是指除起动机本身电路以外的起动系统电路。

常见的起动系统控制电路有：无起动继电器的控制电路和带起动继电器的控制电路。

带起动继电器的控制电路是指用点火开关控制起动继电器线圈的小电流，而用起动继电器的触点控制起动机电磁开关的大电流，如图 3-16 所示。起动继电器的作用就是以小电流控制大电流，保护点火开关，减少起动机电磁开关电路压降。

图 3-16　带继电器的起动控制电路

装有自动变速器的轿车，在自动变速器上装有空档起动开关，空档起动开关串联于起动继电器线圈端，只有自动变速器杆处于停车档（P 位）或空档（N 位）时才接通，其他档位时均处于断开状态，有利于保护起动机和蓄电池。

起动系统电路原理

64

检修起动系统	学习任务单	班级： 姓名：

1. 汽车起动系统的作用是通过起动机将蓄电池的电能转换成＿＿＿能，再带动发动机运转。

2. 汽车起动系统主要由蓄电池、＿＿＿＿＿＿＿（包含点火开关和起动继电器）和起动机3部分组成。其中起动机主要由＿＿＿＿＿、传动机构（啮合机构）和＿＿＿＿＿（即电磁开关）3部分组成。

3. 直流电动机的作用是将蓄电池输入的电能转换为机械能，产生＿＿＿＿＿。

4. 写出下图直线所指部件的名称。

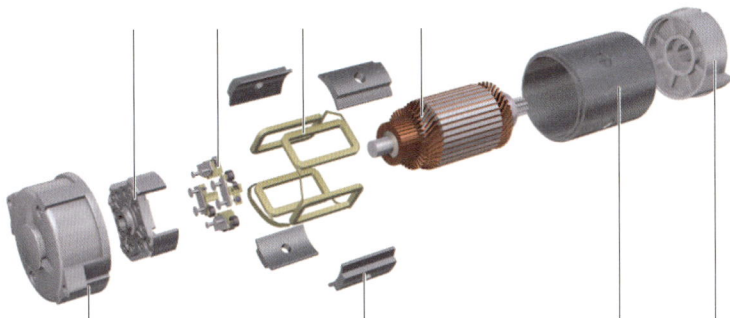

5. 直流电动机定子绕组的作用是通电后产生＿＿＿＿；＿＿＿＿的作用是产生电磁转矩；电刷及电刷架的作用是将＿＿＿引入电枢的换向器。

6. 直流电动机是根据通电导体在磁场中受到磁场力作用而发生运动的原理制成的。当电动机工作时，电流经励磁绕组（定子绕组）产生磁场，再通过电刷和换向器流入电枢绕组，通电的电枢绕组就会受到电磁力的作用，通过左手定则，可以判断产生逆时针方向的电磁转矩使电枢＿＿＿＿。

7. 传动机构的作用是把直流电动机产生的转矩传递给飞轮齿圈，再通过飞轮齿圈把转矩传递给发动机的曲轴，在发动机起动后，单向啮合器齿轮与飞轮齿圈自动＿＿＿＿。传动机构一般由＿＿＿＿（也称单向离合器）、拨叉等组成。

8. 单向离合器的作用是传递电动机转矩，拖动发动机，而在发动机起动后＿＿＿＿，保护起动机电枢由于发动机转速过高而不致飞散。常用的单向离合器主要有＿＿＿＿式、摩擦片式和弹簧式等几种。

9. 控制装置的作用是控制单向离合器的驱动齿轮和＿＿＿＿的啮合与分离，并且控制直流电动机电路的＿＿＿＿与切断。

10. 写出下图直线所指部件的名称。

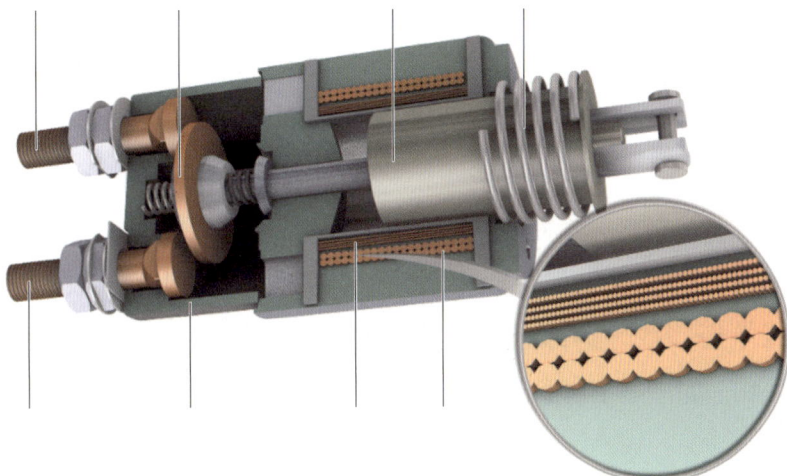

任务实施

专心，摒弃三心二意。

在学习和工作中，只有认真专注才能受到欢迎。三心二意的人，是难有大作为的。比如，有不少科学家为了解决一道题数十年废寝忘食地研究，反复地试验验证取得科学上的突破。瓦特蒸汽机的发明等，都是经历了几十年的艰辛努力，才取得成功。水稻专家袁隆平，几十年如一日，没有他对育种事业的专注和不懈努力，如何取得在相同土地面积上，收获翻倍的水稻产量，解决千百万人吃饭问题的伟大成就。

所以说，无论是学习，还是干工作，做事业，不论在何种岗位上，都要有一股锲而不舍的精神，埋头实干，才能达到理想的状态。相反，一个人若对于自己从事的学习和工作缺乏热情，不能专注，三心二意，见异思迁，总是在这山看着那山高，见到别的事物就想改变自己的初衷，改变原来的主意，性情不专一，意志不坚定，学习和工作不努力，那还能取得什么成绩呢？

起动机的拆卸

实训器材

整车或实训台架、万用表、测试灯、常用维修工具和维修手册等。

作业准备

1）车辆在工位停放周正。

2）铺好车内和车外护套。

操作步骤

一、起动系统的就车检查

1）按喇叭或打开前照灯，若喇叭响声变小或前照灯灯光暗淡，说明蓄电池存电量过低或电源导线接触不良，需对蓄电池进行充电或重新连接接触不良的导线；如正常，进入下一步。

2）拔下电磁开关上的吸引线圈和保持线圈的公共接线柱连接线（控制接线端），一人起动发动机，另一人测量拔下的接线柱对搭铁间的电压，若有12V电压，说明起动机内部存在故障，需解体检修起动机；如无电压，说明故障在控制电路，进入下一步检查，如图3-17所示。

3）找到起动继电器，检测起动继电器是否正常，如正常，进入下一步检查，如图3-18所示。

4）旋转点火开关到起动档，测量点火开关起动端子是否有12V电压输出，如无12V电压输出，说明点火开关损坏；如有电压输出，测量点火开关到起动继电器的电路是否断路或短路，直至找到故障点。

二、起动机的拆卸

拆卸步骤为：拆卸蓄电池负极电极夹→拆卸正极电极夹→拔下起动机电磁开关上的控制接线端连接线→拆卸电磁开关上的蓄电池接线柱电缆→拆卸起动机固定螺栓（一般为两个，如图3-19所示）→拿下起动机。

三、起动机的分解

1）从电磁开关处断开直流电动机引线，如图 3-20 所示。

图 3-17 测量控制接线端对搭铁间的电压

图 3-18 检测起动继电器

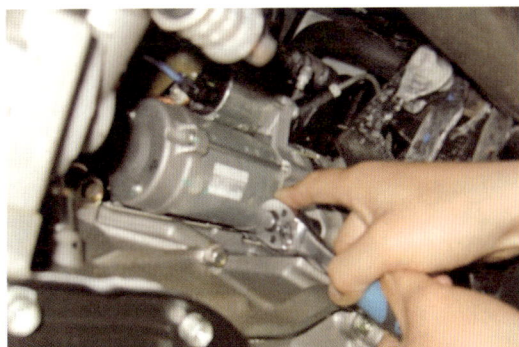

起动继电器

图 3-19 拆卸起动机固定螺栓

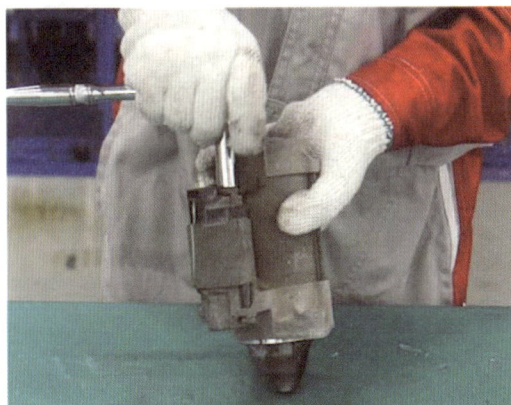

图 3-20 断开直流电动机引线

起动机的
分解

2）拧出电磁开关的固定螺栓，取下电磁开关，如图 3-21 所示。

3）拧出直流电动机的两个固定螺栓，取下直流电动机的后端盖和磁极，然后再依次取出电枢和单向离合器，如图 3-22 所示。

图 3-21 拧出电磁开关的固定螺栓

图 3-22 取下直流电动机的后端盖

装配时按分解相反的顺序进行。

四、起动机的检修

1. 定子的检修

（1）外观检查　检查定子绕组是否烧焦；检查铁心是否松动；检查定子内沿与转子是否有刮痕。

（2）励磁绕组断路的检测　将万用表置于电阻档，测接线柱与正电刷的导通情况，如不导通，说明断路，如图3-23所示。

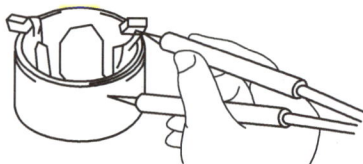

（3）励磁绕组搭铁的检测　将万用表的两表笔分别接励磁接线柱和外壳，若阻值为无穷大，则正常；若阻值为零或较小，则说明有搭铁故障，如图3-24所示。

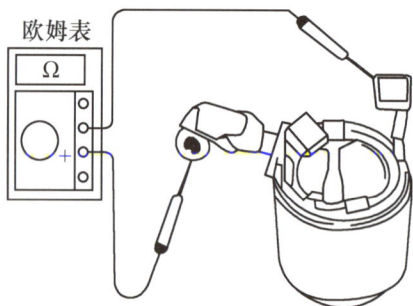

起动机的检测

图3-23　励磁绕组断路的检测　　　　图3-24　励磁绕组搭铁的检测

2. 电枢轴总成的检修

（1）外观检查　检查换向器表面有无烧蚀和是否起槽，轻微烧蚀或起槽用00号砂纸打磨，严重时应更换起动机总成；检查电枢线圈的导线是否甩出、脱焊或烧焦。

（2）电枢线圈搭铁的检查　用万用表检查，将其表笔分别搭在换向器和铁心（或电枢轴）上，阻值应为无穷大；若阻值为零，则为搭铁，应更换，如图3-25所示。

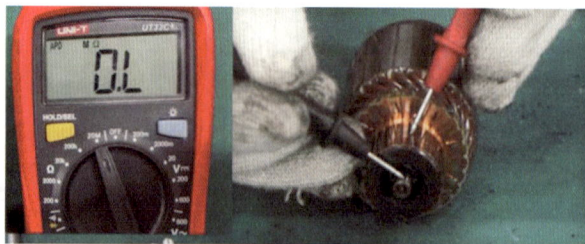

图3-25　电枢线圈搭铁的检查

（3）电枢线圈断路的检查　用万用表两表笔分别依次与相邻换向器接触，其读数应一致，否则说明电枢线圈断路，应更换，如图3-26所示。

3. 电刷总成的检修

（1）**电刷高度的检查**　电刷磨损后的高度不应小于电刷原高度的一半，一般不小于 10mm。电刷应在电刷架内活动自如，无卡滞，电刷与换向器的接触面积不低于 80%，如图 3-27 所示。

图 3-26　电枢线圈断路的检查　　　　图 3-27　电刷高度的检查

（2）**电刷架的检查**　用万用表的电阻档测两绝缘电刷架与电刷架座之间的阻值，阻值应为无穷大，否则说明电刷架绝缘体损坏；用相同方法测两搭铁电刷架与电刷架座之间的阻值，阻值应为零，否则说明电刷架松动，搭铁不良。

（3）**电刷弹簧的检查**　用弹簧秤检查弹簧的弹力，应为 11.76~14.7N，如过弱应更换，如图 3-28 所示。

4. 单向离合器的检修

按顺时针转动驱动齿轮，应自由转动；逆时针转动时应该被锁住，如图 3-29 所示。

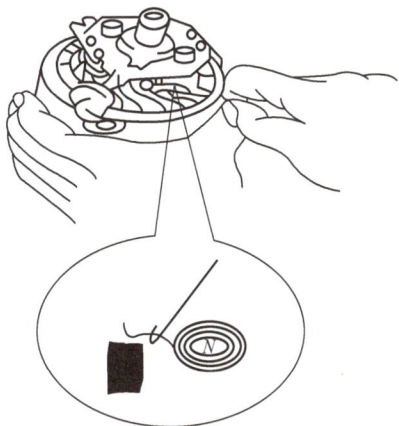

图 3-28　电刷弹簧的检查　　　　图 3-29　单向离合器的检查

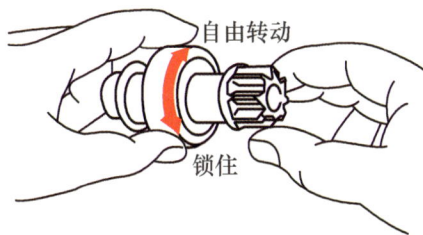

5. 电磁开关的检修

（1）**保持线圈的测量**　将两表笔分别接于控制接线柱和电磁开关外壳，若有电阻且较小，说明保持线圈良好；若电阻为零，则为短路；若电阻无穷大，则为断路，短路或断路都应更换电磁开关或起动机总成，如图 3-30 所示。

（2）**吸拉线圈的测量**　两表笔分别接于控制接线柱和直流电动机接线柱，若有

电阻且较小，说明吸拉线圈良好；若电阻为零，则为短路；若电阻无穷大，则为断路，短路或断路都应更换电磁开关或起动机总成，如图3-31所示。

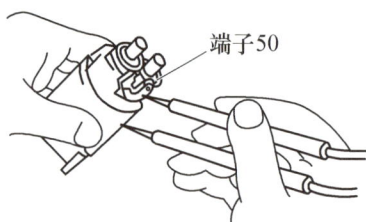

图 3-30　保持线圈的测量

图 3-31　吸拉线圈的测量

（3）接触盘的测量　用手将接触盘铁心压住，让电磁开关上的电源接线柱与直流电动机接线柱连通，测量两接线柱间的电阻值应为零，否则为接触不良。需更换电磁开关或起动机总成。

五、起动机的安装

按与拆卸相反的顺序安装起动机总成，并按规定力矩拧紧螺栓，最后连接蓄电池负极接头。

起动机的
组装

检修起动系统	工作任务单	班级：
		姓名：

1. 车辆信息的记录

品牌		整车型号		生产年月	
发动机型号		发动机排量		行驶里程	
车辆识别代号					

2. 起动系统的就车检查

作业项目	检查结果与数据	判定
蓄电池电压		正常□ 异常□
电磁开关控制线电压		正常□ 异常□
起动继电器		正常□ 异常□
点火开关信号电压		正常□ 异常□
起动机		正常□ 异常□

3. 起动机的分解

作业项目	记录	作业项目	记录
断开直流电动机引线	已执行□ 否□	拆卸磁极	已执行□ 否□
拆卸电磁开关	已执行□ 否□	拆卸电枢	已执行□ 否□
拆卸后端盖	已执行□ 否□	清洁机件	已执行□ 否□

4. 起动机的解体检查

作业项目		记录	判定	作业项目		记录	判定
定子检查	外观检查		正常□ 异常□	电枢检查	外观检查		正常□ 异常□
	线圈断路检查		正常□ 异常□		线圈断路检查		正常□ 异常□
	线圈搭铁检查		正常□ 异常□		线圈搭铁检查		正常□ 异常□
电刷检查	电刷长度		正常□ 异常□	单向离合器检查	锁止检查		正常□ 异常□
	电刷架及弹簧		正常□ 异常□		打滑检查		正常□ 异常□

5. 电磁开关的检修

作业项目	测量值	判定
保持线圈测量		正常□ 异常□
吸拉线圈测量		正常□ 异常□
接触盘测量		正常□ 异常□

6. 查阅维修手册

序号	部件名称	章节及页码	规格（米制）
1		第　　章　　页	
2		第　　章　　页	

检修起动系统		实习日期：		
姓名：	班级：	学号：		导师签名：
自评：□熟练 □不熟练	互评：□熟练 □不熟练	师评：□合格 □不合格		
日期：	日期：	日期：		

检修起动系统【评分细则】

序号	评分项	得分条件	分值	评分要求	自评	互评	师评
1	安全/7S/态度	□ 1. 能进行工位 7S 操作 □ 2. 能进行设备和工具安全检查 □ 3. 能进行车辆安全防护操作 □ 4. 能进行工具清洁、校准、存放操作 □ 5. 能进行三不落地操作	15	未完成 1 项扣 3 分，扣分不得超过 15 分	□熟练 □不熟练	□熟练 □不熟练	□合格 □不合格
2	专业技能能力	作业 1 □ 1. 能正确地检查蓄电池电压 □ 2. 能正确地检查电磁开关控制线电压 □ 3. 能正确地检查起动机继电器 □ 4. 能正确地检查点火开关信号电压 作业 2 □ 1. 能正确地断开直流电动机引线 □ 2. 能正确地拆卸电磁开关 □ 3. 能正确地拆卸后端盖与电刷架 □ 4. 能正确地拆卸磁极 □ 5. 能正确地拆卸电枢 作业 3 □ 1. 能正确地检查定子外观 □ 2. 能正确地测量定子励磁绕组是否断路 □ 3. 能正确地测量定子励磁绕组搭铁 □ 4. 能正确地检查电枢外观 □ 5. 能正确地测量电枢绕组是否断路 □ 6. 能正确地测量电枢绕组搭铁 □ 7. 能正确地测量电刷长度 □ 8. 能正确地检查电刷架及弹簧 □ 9. 能正确地检查单向离合器 □ 10. 能正确地测量保持线圈 □ 11. 能正确地测量吸拉线圈 □ 12. 能正确地测量电磁开关接触盘	50	未完成 1 项扣 3 分，扣分不得超过 50 分	□熟练 □不熟练	□熟练 □不熟练	□合格 □不合格
3	工具及设备的使用能力	□ 1. 能正确地使用维修工具 □ 2. 能正确地选用万用表 □ 3. 能正确地使用游标卡尺	10	未完成 1 项扣 3 分	□熟练 □不熟练	□熟练 □不熟练	□合格 □不合格
4	资料、信息查询能力	□ 1. 能正确地识读维修手册并查询资料 □ 2. 能正确地使用用户手册查询资料 □ 3. 能正确地记录所查询资料的章节及页码 □ 4. 能正确地记录所需维修信息	10	未完成 1 项扣 2 分	□熟练 □不熟练	□熟练 □不熟练	□合格 □不合格
5	数据判断和分析能力	□ 1. 能判断定子总成是否正常 □ 2. 能判断电枢总成是否正常 □ 3. 能判断单向离合器是否正常 □ 4. 能判断电刷是否能正常使用 □ 5. 能判断电磁开关是否正常 □ 6. 能判断起动系统是否正常	10	未完成 1 项扣 2 分，扣分不得超过 10 分	□熟练 □不熟练	□熟练 □不熟练	□合格 □不合格
6	表单填写报告的撰写能力	□ 1. 字迹清晰 □ 2. 语句通顺 □ 3. 无错别字 □ 4. 无涂改 □ 5. 无抄袭	5	未完成 1 项扣 1 分，扣分不得超过 5 分	□熟练 □不熟练	□熟练 □不熟练	□合格 □不合格

总分：

项目四 / Project 4

全车灯光系统

任务一

检修照明系统

🔧 任务目标

知识目标

1）掌握汽车照明系统的功用、类型与结构。

2）会分析汽车前照灯电路图。

技能目标

1）会进行汽车照明系统的检测与调整。

2）会排除汽车照明系统简易故障。

素养目标

1）能在工作过程中与小组其他成员合作、交流，养成团队合作意识，锻炼沟通能力。

2）养成 7S 工作习惯。

3）养成服从管理、规范作业的工作习惯。

🚚 任务描述

一位丰田卡罗拉轿车用户将车辆开到维修站，反映右侧近光灯和远光灯都不亮，需要检修。

相关知识

一、认识汽车照明系统

1. 汽车照明系统在汽车上的种类及位置

汽车照明系统是汽车夜间行驶必不可少的照明设备，为了提高汽车的行驶速度，确保夜间行车的安全，汽车上装有多种照明设备。汽车照明系统根据安装位置和用途的不同，一般可分为外部照明系统和内部照明系统，如图 4-1 和图 4-2 所示。

右近光灯 右远光灯 左远光灯 左近光灯 牌照灯

右前雾灯 左前雾灯 后雾灯 倒车灯

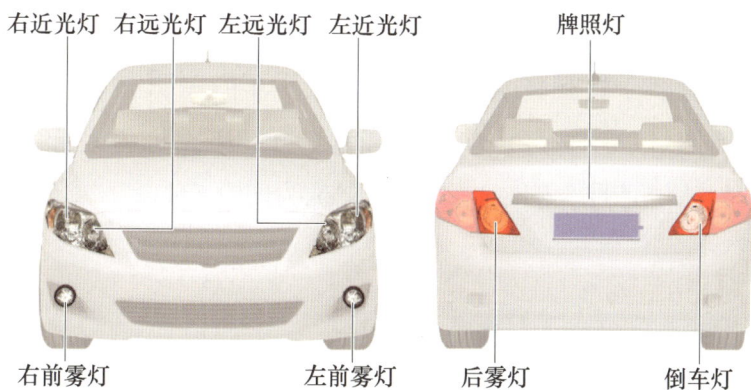

图 4-1 汽车外部照明系统

车厢照明灯 中间照明灯 梳妆灯 车门灯 脚下灯

图 4-2 汽车内部照明系统

2. 外部照明系统的作用

（1）前照灯　前照灯俗称大灯，由近光灯和远光灯组合而成，装于汽车头部两侧，主要用于汽车在夜间行车时道路的照明。前照灯有两灯制（近光灯和远光灯共用一个灯泡）和四灯制之分，功率一般为 40~60W。

（2）雾灯　雾灯有前雾灯和后雾灯之分。前雾灯装于汽车前部比前照灯稍低的位置，用于在雨雾天气行车时照明道路。为保证雾天高速行驶的汽车向后方车辆或行人提供本车位置信息，交通管理部门规定，在车辆后部加装功率较大的后雾灯，以降低交通事故发生率。雾灯的光色规定采用光波较长的黄色、橙色或红色，光线穿透性较强。

（3）牌照灯　牌照灯装于汽车尾部的牌照上方，用于夜间照亮汽车牌照。

（4）倒车灯　倒车灯装于汽车尾部，左右各一只，白色。用于照亮车后路面，并警告车后的车辆和行人，表示该车正在倒车。

3. 内部照明系统的作用

（1）仪表灯　仪表灯装于汽车仪表板上，用于仪表照明，以便于驾驶人获取行

车信息，其数量根据仪表设计布局而定。

（2）顶灯　顶灯装于驾驶室或车厢顶部，用于车内照明。

目前，多将前照灯、示宽灯、前转向灯等组合起来，称为组合前灯；将后尾灯、后转向信号灯、制动信号灯、倒车灯组合起来称为组合后灯。

二、前照灯的结构

1. 对前照灯的基本要求

由于前照灯的照明效果直接影响夜间行车驾驶的操作和交通安全，因此世界各国交通管理部门多以法律的形式规定了其照明标准。前照灯与其他照明灯相比有较特殊的光学结构，对它的基本要求如下：

1）前照灯应保证夜间车前有明亮而均匀的照明，使驾驶人能辨明100m以内道路上的任何物体。随着汽车行驶速度的不断提高，对前照灯的要求也越来越高，现代高速汽车的前照灯照明距离能达到200~250m。

2）前照灯应具有防炫目装置，以免夜间两车交会时造成对方驾驶人炫目而发生事故。

2. 前照灯的结构

前照灯主要由灯泡、反射镜和配光镜等部分组成，如图4-3所示。

图4-3　前照灯的结构

（1）灯泡　普通前照灯灯泡有白炽灯泡、卤素灯泡两种，如图4-4所示，这两种灯泡的灯丝都是用钨丝制成的。

1）白炽灯泡从玻璃泡中抽出空气，再充以86%的氩和14%的氮的混合惰性气体。灯泡通电后，灯丝发热，惰性气体受热膨胀而产生较大的压力，可以减少钨的蒸发，延长灯泡的使用寿命。

2）卤素灯泡是在充入的惰性气体中渗入某种卤族元素，如碘、溴等，利用卤钨再生循环作用防止钨丝蒸发，目前在汽车上应用最多。

（2）反射镜　前照灯灯泡的光度不大，如果没有反射镜，驾驶人只能辨清车前6m处有无障碍物。反射镜的作用是将灯泡的光线聚合并导向远方（见图4-5）。光经反射后以较强的平行光束射向远方，可照清楚150m以外的路面。

（3）配光镜　配光镜又称散光玻璃，由透光玻璃压制而成，是多块特殊棱镜和透镜的组合，外形一般为圆形和矩形，配光镜的作用是将反射镜反射出的平行光束进行折射，使车前的路面有良好而均匀的照明，如图4-6所示。

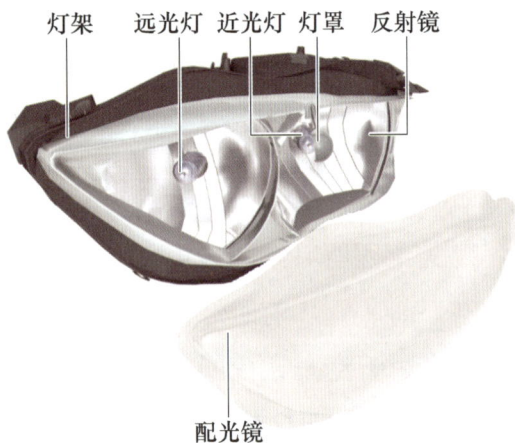

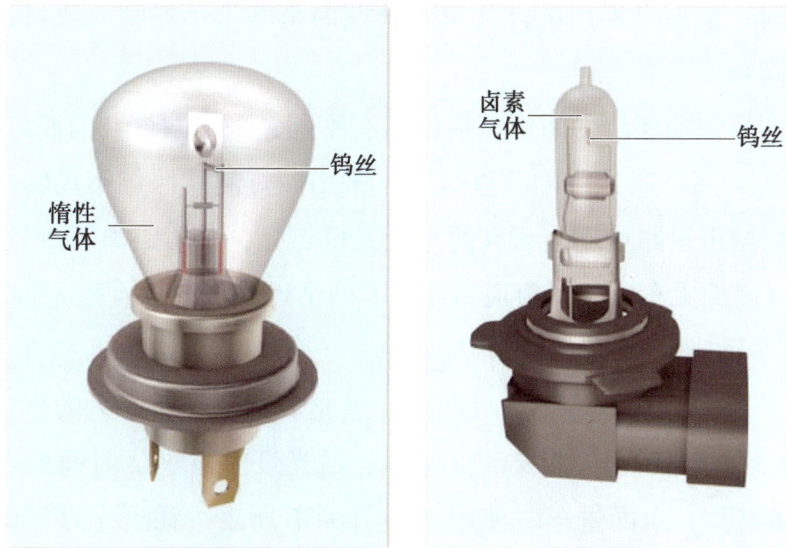

白炽灯泡　　　　　　　　卤素灯泡

图 4-4　普通前照灯灯泡

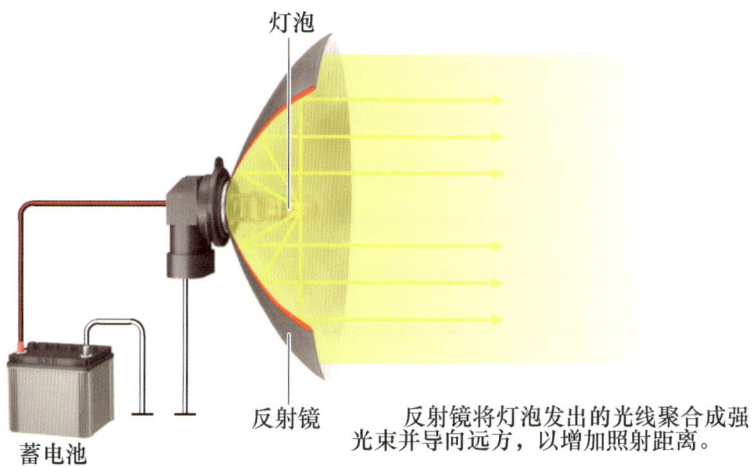

反射镜将灯泡发出的光线聚合成强
光束并导向远方，以增加照射距离。

图 4-5　反射镜

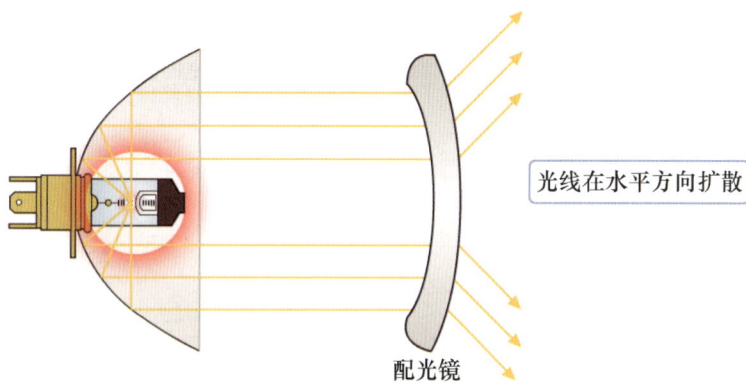

光线在水平方向扩散

图 4-6　配光镜

3. 前照灯的防炫目措施

炫目是指前照灯发出的光强度超过了人的眼睛适应范围，使人本能地将眼睛闭合，或视力严重下降。

夜间会车时，前照灯发出的强光束会使迎面来的汽车驾驶人炫目，很容易发生交通事故，所以必须采取措施。

两灯制和四灯制前照灯的防炫目措施略有不同，采用两灯制前照灯布局的汽车，防炫目措施一般采用带遮光罩的双丝灯泡；采用四灯制前照灯布局的汽车，在开近光灯时（会车且城市道路使用）只有两个近光灯点亮，照射距离较近且光线较分散，在开远光灯时（对面无车且非城市道路使用）两个近光灯继续点亮（部分车型近光灯熄灭），同时两个远光灯点亮，照射距离较远。

采用带遮光罩的双丝灯泡防炫目原理：远光灯丝位于反射镜的焦点上，功率为45~60W，对面无车时使用，如图4-7a所示；近光灯丝位于反射镜焦点的上方或前方，功率为20~50W，对面来车时使用，如图4-7b所示。在近光灯丝的下方装有遮光罩，当使用近光灯时，遮光罩能将近光灯丝射向反射镜下部的光线遮挡住，无法反射，且由于近光灯丝没有位于反射镜的焦点上，反射的光束也不是平行光束，照射距离近，从而提高了防炫目效果。

前照灯防炫目措施

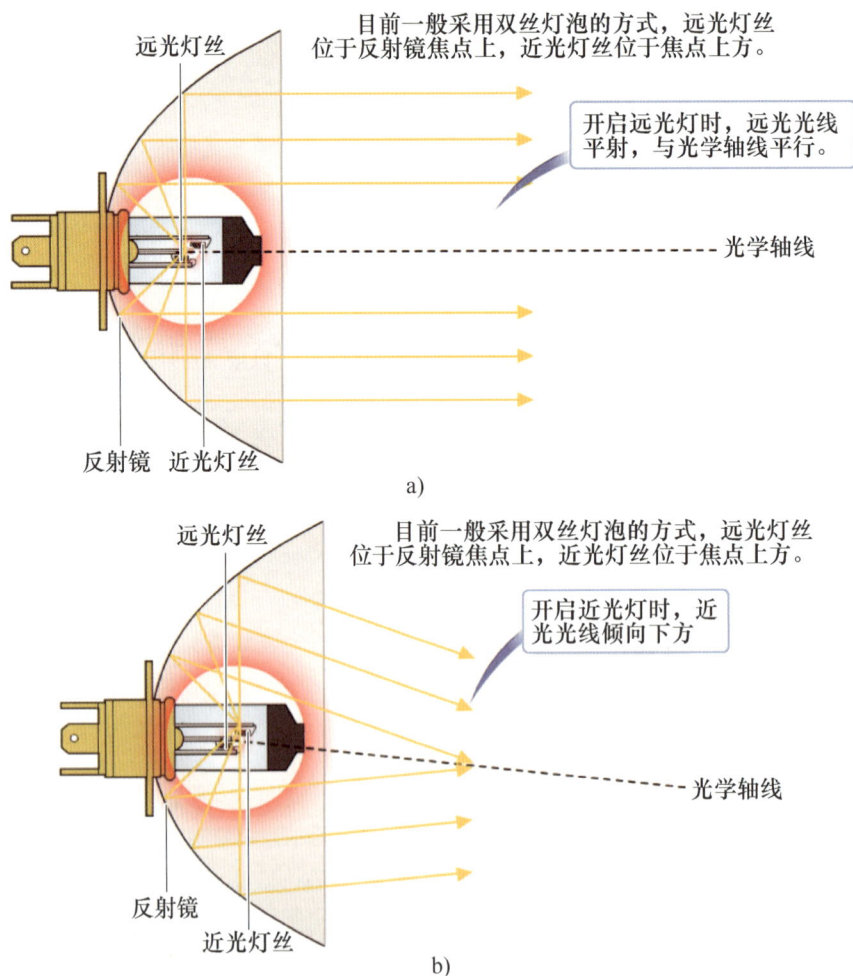

图 4-7　带遮光罩的双丝灯泡

a）远光灯丝点亮时　b）近光灯丝点亮时

三、前照灯的控制电路

汽车前照灯随车型不同，其控制方式也有差异。下面以丰田卡罗拉轿车为例，介绍照明系统控制电路的特点。前照灯电路如图 4-8 所示，它主要由灯光控制开关、变光开关、前照灯继电器、前照灯和相关连接电路等组成。

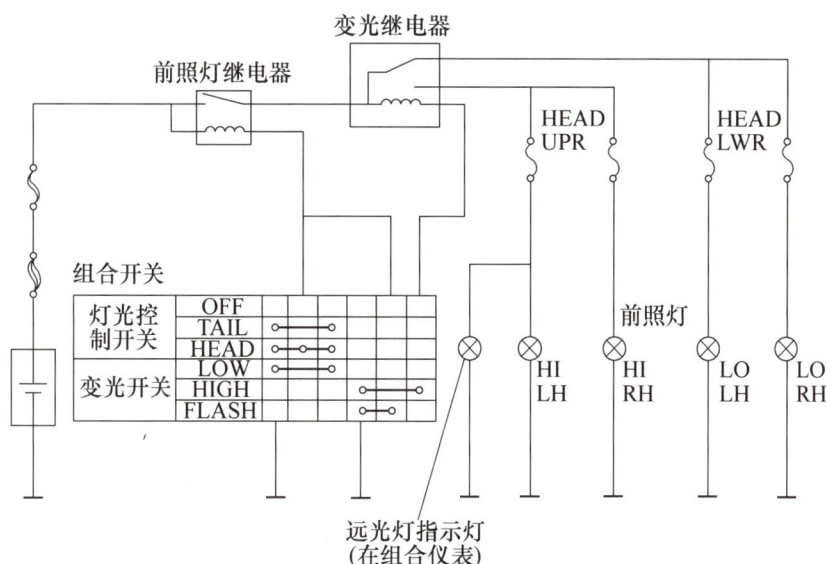

图 4-8　前照灯电路

1. 灯光控制开关

灯光控制开关的形式有旋转式和组合式两种，丰田卡罗拉采用组合式，它将前照灯、尾灯、转向灯及变光开关制成一体，如图 4-9 所示。

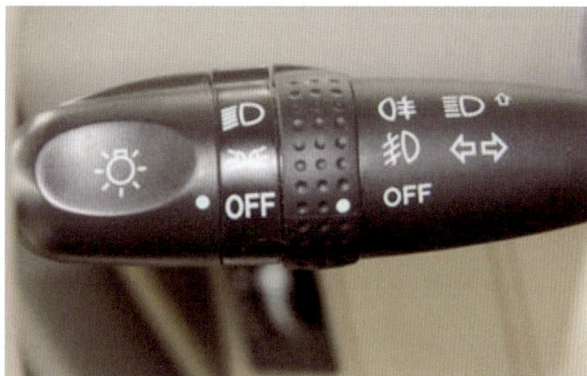

图 4-9　组合式灯光开关

2. 变光开关

变光开关可以根据需要切换远光和近光。它一般与灯光开关制成一体，安装在转向盘左侧的下方，便于驾驶人操作。当打开灯光控制开关到 HEAD 位置时，上、下拨动灯光操纵杆即可实现近光和远光的变换。

3. 前照灯继电器

前照灯的工作电流较大，特别是四灯制的汽车，如用车灯开关直接控制前照灯，车灯开关易烧坏，因此在灯光电路中设有灯光继电器（前照灯继电器、变光继电器等）。

4. 近光灯电路

当灯光控制开关移动到 HEAD（LOW）位置时，前照灯继电器工作，此时变光继电器不工作，常闭触点结合，前照灯（近光灯）点亮，如图 4-10 所示。

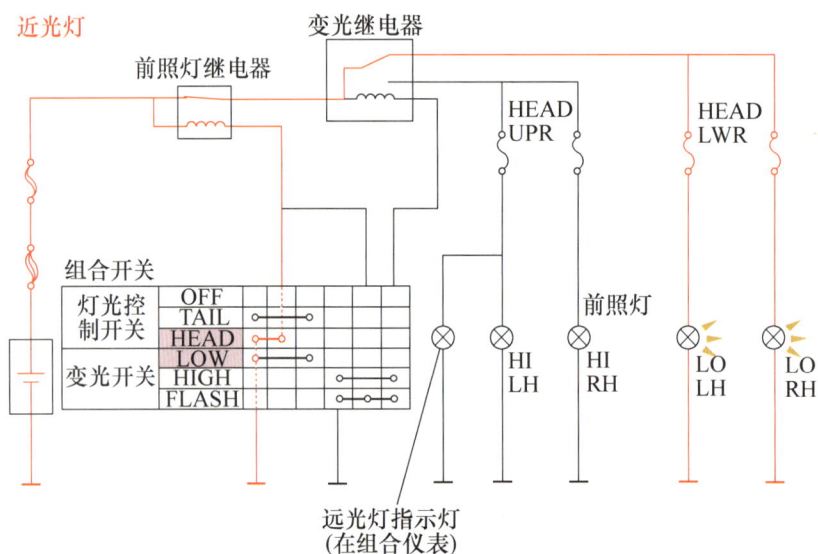

图 4-10　近光灯电路

5. 远光灯电路

当灯光控制开关移动到 HEAD（HIGH）位置时，前照灯继电器工作，同时变光继电器线圈工作，常开触点结合，前照灯（远光灯）点亮，同时位于仪表板的远光指示灯点亮，告知驾驶人此时灯光处于远光位置，如图 4-11 所示。

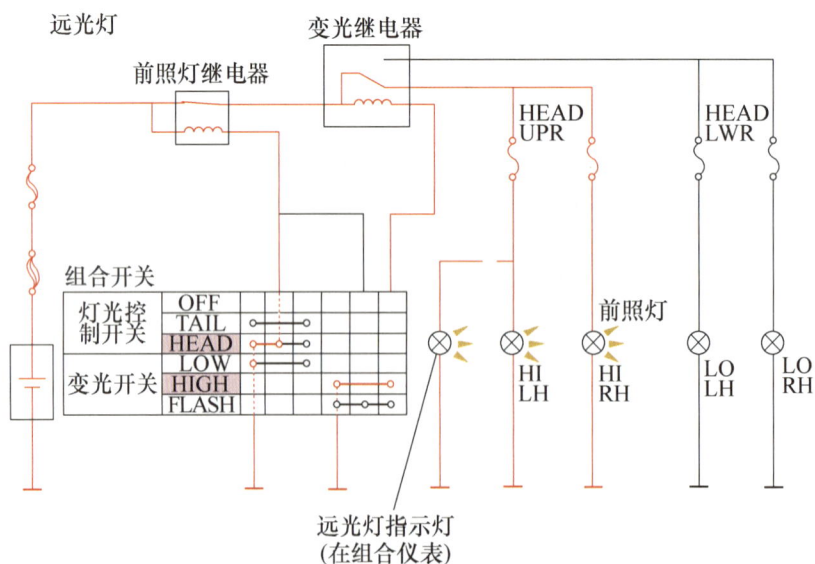

图 4-11　远光灯电路

6. 闪光灯电路

闪光灯也称为超车灯，在未开灯光控制开关或灯光控制开关位于近光灯时，通过向上点一下灯光操纵杆，远光灯就会点亮一下，连续点动，就会有闪烁的效果，用于在超车前提醒前车或对向行驶的车辆，其控制电路如图4-12所示。

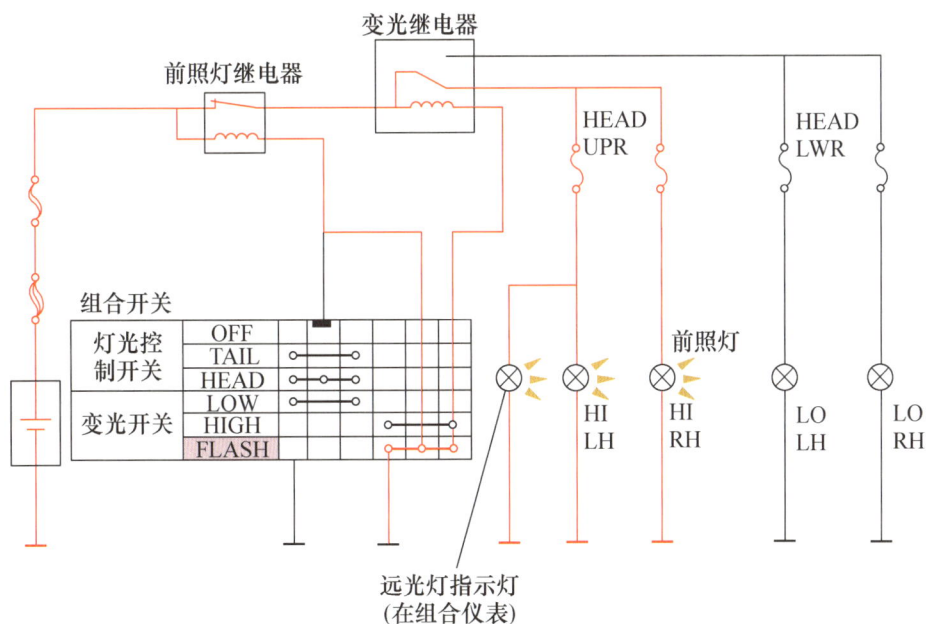

图 4-12　闪光灯电路

四、雾灯

1. 前雾灯

前雾灯分左前雾灯和右前雾灯，一般为明亮的黄色。前雾灯标志如图4-13所示。前雾灯开关一般位于车内的仪表控制台上或组合开关上。由于雾灯亮度高、穿透性强，不会因雾气而产生漫反射，所以正确使用能够有效预防事故的发生。

图 4-13　前雾灯标志

前雾灯只有当灯光控制开关在 TAIL（前示宽灯）或 HEAD（前照灯）位置时，前雾灯才可以打开。控制电路如图4-14所示，灯光控制开关在 TAIL（前示宽灯）或 HEAD（前照灯）位置时，当前雾灯开关被打到 ON 位置时，前雾灯继电器工作，前左、右雾灯通电点亮，同时，仪表内前雾灯指示灯也被点亮。

2. 后雾灯

后雾灯一般只有一个，为红色。后雾灯的标志和前雾灯有一点区别，前雾灯标志的灯光线条是向下的，后雾灯的是平行的，如图4-15所示。后雾灯开关一般位于车内的仪表控制台上或组合开关上。在有雾的天气，前后雾灯通常是一起使用的。

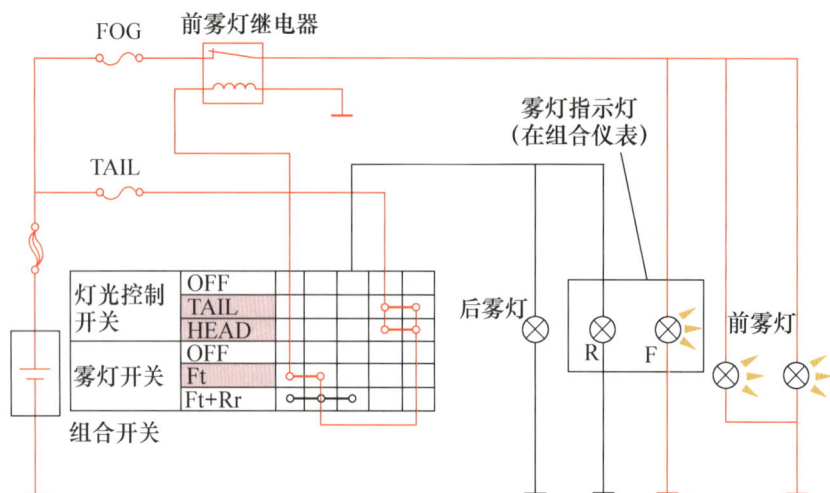

图 4-14　前雾灯控制电路

后雾灯与前雾灯一样只有当灯光控制开关在 TAIL（前示宽灯）或 HEAD（前照灯）位置时，后雾灯才可以打开，且打开后雾灯时前雾灯也同时工作。控制电路如图 4-16 所示，灯光控制开关在 TAIL（前示宽灯）或 HEAD（前照灯）位置时，当后雾灯开关被打到 ON 位置时，前雾灯继电器工作，前左、右雾灯通电点亮，同时，雾灯开关直接供电给后雾灯和后雾灯指示灯。

图 4-15　后雾灯标志

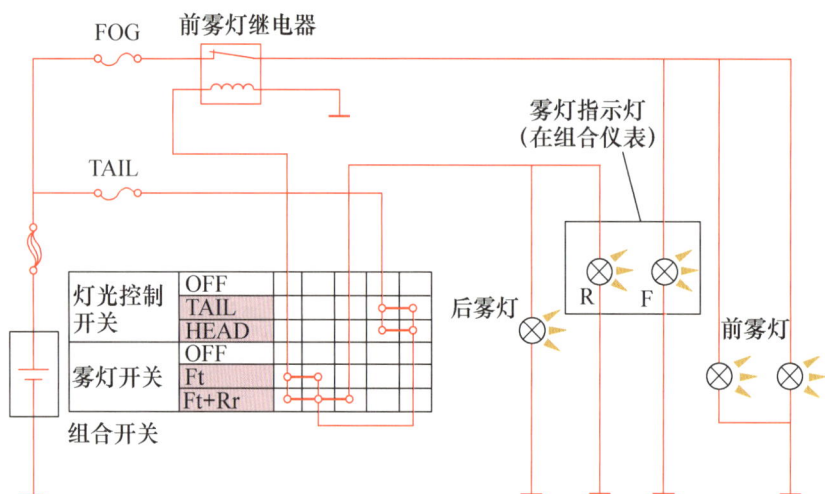

图 4-16　后雾灯控制电路

检修照明系统	学习任务单	班级： 姓名：

1. 汽车照明系统根据安装位置和用途的不同，一般可分为_____照明系统和_____照明系统。外部照明主要有左、右_____灯，左、右前_____灯，后雾灯，牌照灯和倒车灯等。内部照明主要有仪表灯、顶灯和车门灯等。

2. 根据图示写出直线所指灯具的名称：

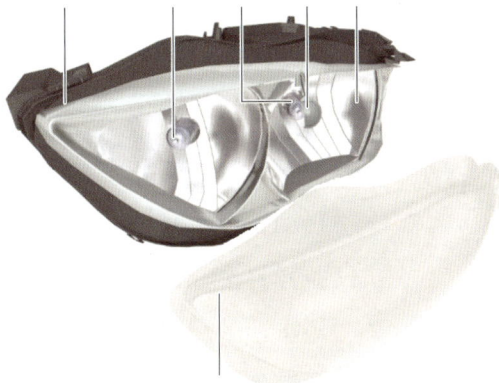

3. 根据图示写出直线所指灯具的名称：

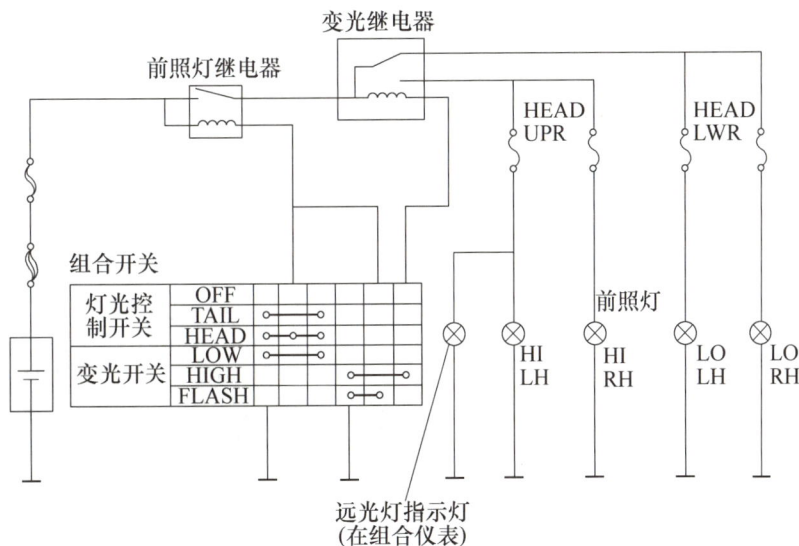

4. 普通前照灯灯泡有白炽灯泡、_____灯泡两种，这两种灯泡的灯丝都是用钨丝制成的。

5. 用不同颜色的笔在下面电路图中分别标注近光灯、远光灯点亮时，电流流经的路径和方向。

任务实施

专注技艺，努力成为行业内不可或缺的专家人才。

"工匠"是技艺精湛的人。在欧洲，德国的学徒传统培养了最优秀的工匠，瑞士的顶级名表都是工匠一个零部件一个零部件打磨而成的。工匠精神，就是追求卓越的精神。工匠精神就是一生都专注于一门手艺、一项事业，从而造就技术的炉火纯青、登峰造极，工匠高超的技艺和骨子里的执着、专注精神，成就了工匠在行业里的绝技。同学们，我们现在就要抱着一份工匠心去学习、去做事。工匠心做事就要下决心掌握自己职业领域内的核心技术和关键技能，使自己在这一领域变得比他人更精通、更专业。无论从事什么职业，都应该如此。作为一名工匠心做事的人，业务技能精湛是做好本职工作的基本条件，也是适应竞争的需要。因此，对个人而言，只有不断学习，提升自己的能力，才能让自己变得更有价值，才能成为行业内不可或缺的专家人才。

注意事项：

不要用手指触摸灯泡玻璃部分。

实训器材

整车或电气实训台架、万用表、常用维修工具和维修手册等。

作业准备

1）车辆在工位停放周正。

2）铺好车内和车外护套。

操作步骤

在进行故障诊断和维修之前，首先将灯光控制开关打开到 HEAD（前照灯）档位，查看前照灯中的两侧近光灯是否亮起，然后将变光开关转换至远光位置，检查两侧远光灯是否亮起，如果只是某一侧灯泡不亮，可以按照如下的步骤进行检查。

一、灯泡的检查

1. 灯泡的拆卸

首先拔下故障灯泡的插接器，再轻轻取下防尘罩，然后旋转灯座一定角度后取下灯泡，如图 4-17 所示。

2. 外观的检查

目视检查灯泡灯丝是否烧断，若灯丝烧断，则换用新灯泡，如图 4-18 所示。

3. 电阻的检查

将万用表调至 20Ω 档测量灯泡电阻，正常应小于 1Ω，若阻值为 ∞，则更换新灯泡，如图 4-19 所示。

图 4-17　灯泡的拆卸

图 4-18　检查灯丝

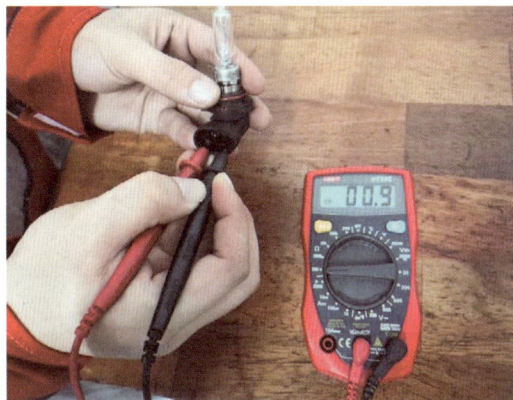

图 4-19　测量灯泡电阻

二、熔丝的检查

1. 熔丝的拆卸

前照灯的熔丝一般安装在发动机舱的熔丝与继电器盒内，在该盒内找到前照灯的熔丝，使用熔丝夹将该熔丝取下，如图 4-20 所示。

2. 目视检查

目测该熔丝是否烧断，如果烧断需更换新的熔丝；还要观察熔丝外部和端子处是否有烧灼现象，如有烧灼现象，说明该处可能存在接触不良的故障，如图 4-21所示。

图 4-20　取下熔丝

图 4-21　检查熔丝

3. 电阻的测量

如目视无法确定熔丝的好坏，可用万用表的 Ω 档检测熔丝两端子之间的电阻，正常情况下应小于 1Ω。否则更换新的熔丝，如图 4-22 所示。

三、继电器的检查

1. 继电器的拆卸

前照灯的继电器一般安装在发动机舱的熔丝与继电器盒内，在该盒内找到前照灯继电器，稍用力拔下该继电器，如图 4-23 所示。

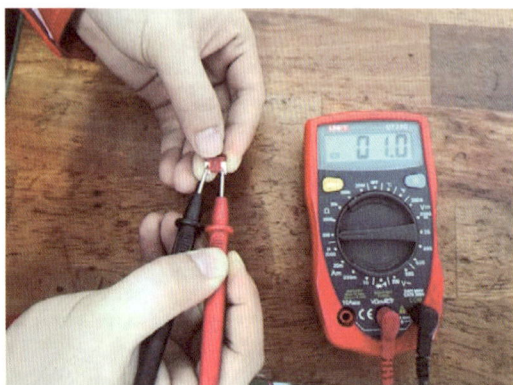

图 4-22　测量熔丝电阻

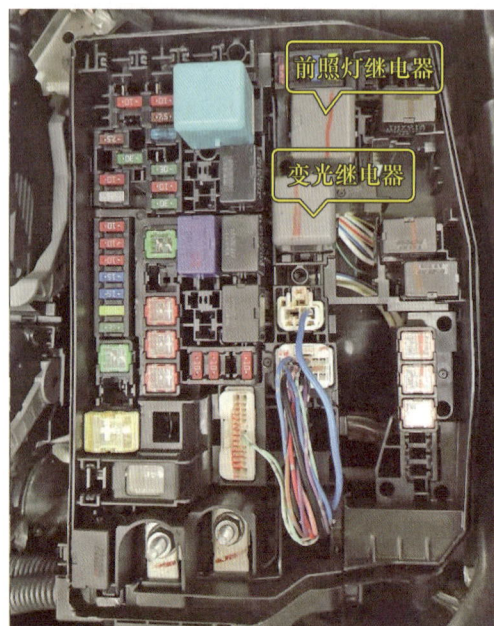

图 4-23　拆卸前照灯继电器

2. 前照灯继电器的检测

1）用万用表 Ω 档测量继电器线圈的电阻值，正常情况下阻值为 30~150Ω，否则更换新的继电器，如图 4-24 所示。

2）用 Ω 档测量继电器触点两个端子的阻值，应为 ∞。

3）在继电器线圈两个端子上施加蓄电池电压，测量触点两个端子的阻值应小于 1Ω，如仍为 ∞，则需更换新的继电器，如图 4-25 所示。

图 4-24　检测继电器线圈的阻值

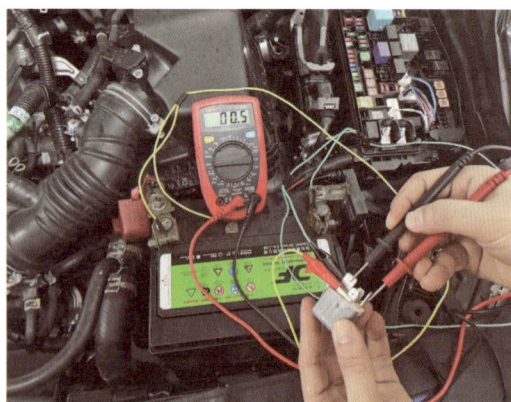

图 4-25　测量触点两个端子的阻值

3. 变光继电器的检测

1）用万用表 Ω 档测量变光继电器线圈的电阻值，正常情况下阻值为 50~100Ω，否则更换新的继电器。

2）用 Ω 档测量继电器常闭触点两个端子的阻值，应小于 1Ω；测量常开触点的两个端子的阻值，应为 ∞；否则需更换新的继电器。

3）在继电器线圈两个端子上施加蓄电池电压，测量常闭触点两个端子的阻值应为 ∞；测量常开触点的两个端子的阻值，应小于 1Ω，否则需更换新的继电器。

四、连接线路的检查

1. 线路连接情况的检查

用手振动或晃动连接到前照灯或前照灯开关的线路，检查线路连接处是否松动，导线是否从端子中脱开，如果有，则需重新连接好；必要时换用新的配线。

2. 线路接通情况的测量

对应电路图，测量连接导线的两个端子阻值是否小于 1Ω；再测量其中一个端子与搭铁阻值是否 ∞；否则说明该线路存在断路或短路故障。

五、灯光开关的检查

1. 灯光开关（组合开关）的拆卸

1）转动方向盘使前轮对准直行位置。

2）断开蓄电池的负极电缆。

3）拆卸转向盘的装饰盖。

4）使用头部缠有保护性胶带的螺钉旋具，松开安全气囊插接器的锁扣，并断开安全气囊插接器和喇叭插接器。

5）握紧转向盘，选用合适工具松开转向盘总成的固定螺母。

6）在转向盘总成和转向轴上做好装配标记，然后稍用力晃下转向盘。

7）断开螺旋电缆下部的插接器，并拆下螺旋电缆。

8）断开灯光控制开关的插接器，再用鲤鱼钳夹紧组合开关固定弹簧卡箍，使其松开；然后取下组合开关。

2. 灯光开关的检测

对应灯光开关的位置图，测量灯光开关在不同档位时是否能够接通或断开，否则说明灯光开关内部损坏，需更换新的开关总成。

注意事项

安装顺序按拆卸顺序反向进行，但在安装螺旋电缆时应注意先将电缆位置对中后再安装，防止电缆折断。

六、前照灯的调整

由于汽车前照灯的照射距离和亮度对夜间行车的安全性非常重要，因此国家法规对汽车前照灯也有相关要求，所以在汽车前照灯上设置有照射距离调整螺钉，可以在一定范围内调整照射的距离。调整步骤如下：

1）将汽车停在水平地面上，并且按规定充足轮胎气压，从汽车上卸下所有负载，距汽车前照灯 10m 处竖一个屏幕或汽车对正墙壁，如图 4-26 所示。

图 4-26　将汽车停在水平地面上

2）起动发动机，使之以 2000r/min 的速度旋转，即在蓄电池不放电的情况下点亮前照灯远光。

3）调整时，应该将一只灯遮住，然后检查另一只灯的光束是否对准同一侧的光照中心。若不符合要求，则旋入或旋出调整螺钉（对光螺钉 A），可使光束做上、下方向的调整；旋入或旋出侧面的调整螺钉（对光螺钉 B），可做左、右方向的调整，如图 4-27 所示。

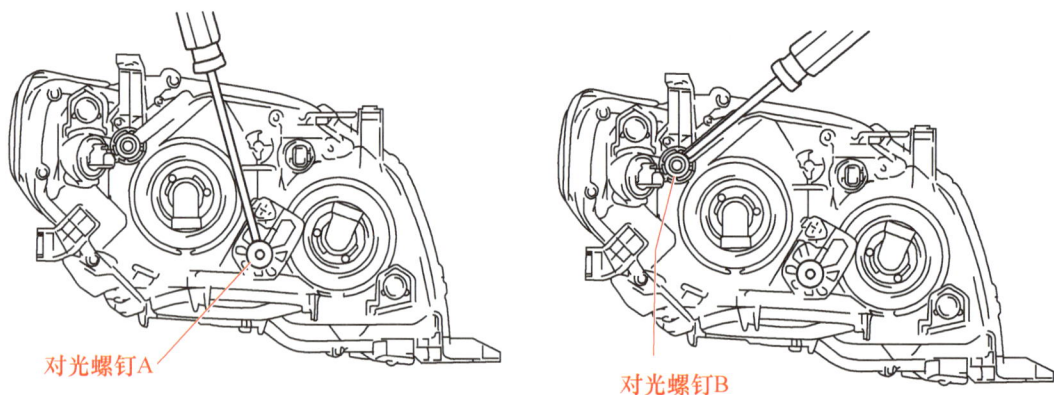

对光螺钉A

对光螺钉B

图 4-27　前照灯的调整

4）当远光灯调好后，应该打开近光灯，检查屏幕上是否有明显的明暗截止线，其高度是否符合规定；一般规定：前照灯上边缘距地面不大于 1350mm 的车，以前照灯的灯泡高度值为 H 值，在距灯 10m 远的屏幕上明暗截止线水平部分应比前照灯基准中心低 $H/3$ 左右。

检修照明系统	工作任务单	班级：
		姓名：

1. 车辆信息的记录

品牌		整车型号		生产年月	
发动机型号		发动机排量		行驶里程	
车辆识别代号					

2. 照明系统的检查

检查项目	左	右	维修措施
近光灯	异常□　正常□	异常□　正常□	维修□　调整□　更换□
远光灯	异常□　正常□	异常□　正常□	维修□　调整□　更换□
闪光灯	异常□　正常□	异常□　正常□	维修□　调整□　更换□
前雾灯	异常□　正常□	异常□　正常□	维修□　调整□　更换□
后雾灯	异常□　正常□	异常□　正常□	维修□　调整□　更换□

3. 照明系统的故障诊断与排除

故障现象	
故障范围	
检测流程	
故障点确认	
维修措施	维修□　调整□　更换□

4. 前照灯的调整

作业项目	光束宽度	光束高度	维修措施
左前近光灯	异常□　正常□	异常□　正常□	维修□　调整□　更换□
右前近光灯	异常□　正常□	异常□　正常□	维修□　调整□　更换□
左前远光灯	异常□　正常□	异常□　正常□	维修□　调整□　更换□
右前远光灯	异常□　正常□	异常□　正常□	维修□　调整□　更换□

5. 查阅维修手册

序号	部件名称	章节及页码	规格（米制）
1		第　　章　　页	
2		第　　章　　页	

检修照明系统				实习日期：			
姓名：		班级：		学号：		导师签名：	
自评：□熟练　□不熟练		互评：□熟练　□不熟练		师评：□合格　□不合格			
日期：		日期：		日期：			

检修照明系统【评分细则】

序号	评分项	得分条件	分值	评分要求	自评	互评	师评
1	安全 /7S/ 态度	□ 1. 能进行工位 7S 操作 □ 2. 能进行设备和工具安全检查 □ 3. 能进行车辆安全防护操作 □ 4. 能进行工具清洁、校准、存放操作 □ 5. 能进行三不落地操作	15	未完成 1 项扣 3 分，扣分不得超过 15 分	□熟练 □不熟练	□熟练 □不熟练	□合格 □不合格
2	专业技能能力	作业 1 □ 1. 能正确地检查近光灯是否正常 □ 2. 能正确地检查远光灯是否正常 □ 3. 能正确地检查闪光灯是否正常 □ 4. 能正确地检查前雾灯是否正常 □ 5. 能正确地检查后雾灯是否正常 作业 2 □ 1. 能正确地判断故障现象 □ 2. 能正确地判断故障范围 □ 3. 能正确地规范检测流程 □ 4. 能正确地分析检测出故障点 □ 5. 能正确地分析故障点并判定维修措施 作业 3 □ 1. 能正确地检查轮胎气压 □ 2. 能正确地对近光束进行调整 □ 3. 能正确地对远光束进行调整	50	未完成 1 项扣 3 分，扣分不得超过 50 分	□熟练 □不熟练	□熟练 □不熟练	□合格 □不合格
3	工具及设备的使用能力	□ 1. 能正确地使用维修工具 □ 2. 能正确地使用万用表 □ 3. 能正确地使用前照灯调整仪或光板	10	未完成 1 项扣 3 分	□熟练 □不熟练	□熟练 □不熟练	□合格 □不合格
4	资料、信息查询能力	□ 1. 能正确地使用维修手册并查询资料 □ 2. 能正确地记录查询资料的章节及页码 □ 3. 能正确地记录所需维修信息	10	未完成 1 项扣 3 分	□熟练 □不熟练	□熟练 □不熟练	□合格 □不合格
5	数据判断和分析能力	□ 1. 能判断近光灯是否正常 □ 2. 能判断远光灯是否正常 □ 3. 能正确分析判断故障点 □ 4. 能判断照明光束是否正常	10	未完成 1 项扣 3 分，扣分不得超过 10 分	□熟练 □不熟练	□熟练 □不熟练	□合格 □不合格
6	表单填写报告的撰写能力	□ 1. 字迹清晰 □ 2. 语句通顺 □ 3. 无错别字 □ 4. 无涂改 □ 5. 无抄袭	5	未完成 1 项扣 1 分，扣分不得超过 5 分	□熟练 □不熟练	□熟练 □不熟练	□合格 □不合格
总分：							

任务二

检修信号系统

🔧 任务目标

知识目标

1）掌握汽车信号系统的功用、类型与结构。

2）会分析汽车信号系统电路图。

技能目标

1）会进行汽车信号系统的检测与调整。

2）会排除汽车信号系统简易故障。

素养目标

1）能在工作过程中与小组其他成员合作、交流，养成团队合作意识，锻炼沟通能力。

2）养成 7S 工作习惯。

3）养成服从管理、规范作业的工作习惯。

🚗 任务描述

一位丰田卡罗拉轿车车主将车开到维修站，反映无论向左还是向右打转向灯，转向灯均不亮，按下危险警告灯开关，危险警告灯也不亮，需要维修。

相关知识

一、认识汽车信号系统

1. 汽车信号系统的种类及在汽车上的位置

汽车的信号系统主要有灯光信号装置、转向信号装置、制动信号装置及喇叭信号装置等。

其中灯光信号装置主要包括示宽灯、倒车灯、转向灯、危险警告灯等，如图 4-28 所示。

示宽灯　仪表盘　组向开关

右前转向灯　左前转向灯　左侧转向灯

图4-28　汽车部分信号装置的位置

2. 汽车灯光信号系统的作用

（1）示宽灯　示宽灯安装在汽车前部和尾部，用于夜间给其他车辆指示车辆的位置与宽度，功率一般为5~10W，前示宽灯俗称小灯，灯光为白色或黄色，一般安装在前照灯内；后示宽灯俗称尾灯，灯光为红色，一般安装在后组合灯内，与制动灯共用一个双灯丝的灯泡，如图4-29所示。

（2）转向灯　安装在车辆的前部、尾部以及左右两侧，用于表明该车正在转弯或改换车道。为了起到较好的提示作用，要求转向灯闪烁频率60~120次/min。灯光为黄色，功率为20W以上。

（3）危险警告灯　车辆在紧急停车或临时驻车时，所有转向灯同时闪烁，即为危险警告灯信号，给前后左右的车辆显示该车的位置。

图4-29　双灯丝灯泡

（4）制动灯　安装在车辆的尾部，又叫刹车灯，在汽车制动时，发出灯光信号，以警示尾随在后面的车辆及行人，以防止追尾事故的发生。灯光为红色，功率一般为20W以上，与后尾灯共用双灯丝的灯泡，但功率比尾灯大。

二、示宽信号装置

示宽信号装置，主要指示宽灯。示宽灯用于夜间给其他车辆指示车辆的位置与宽度，控制电路如图4-30所示，示宽灯由灯光控制开关的TAIL位置与前示宽灯继电器控制，因此也俗称小灯。

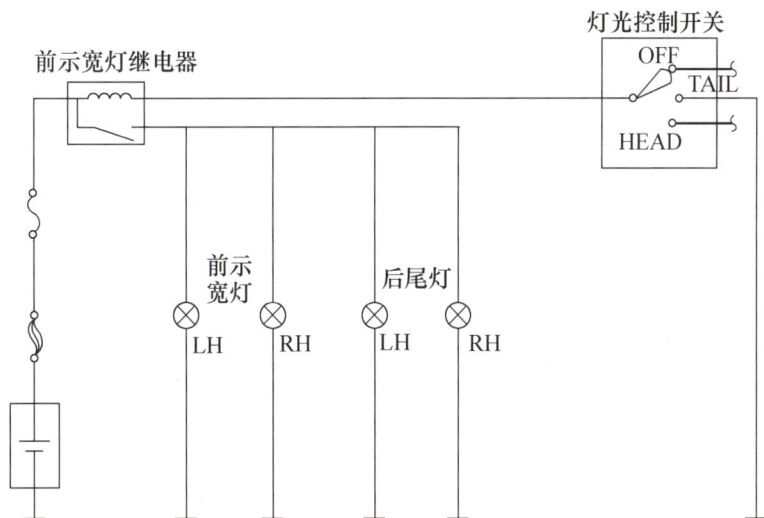

图 4-30　示宽灯控制电路

当灯光控制开关位于 TAIL 位置时（打开前示宽灯），前示宽灯继电器线圈通电，继电器触点吸合，前示宽灯、后尾灯点亮，如图 4-31 所示。

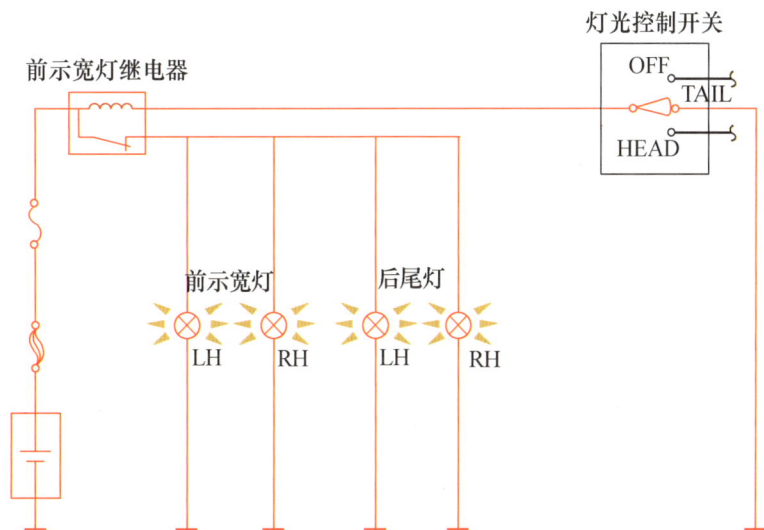

图 4-31　打开前示宽灯开关时电流通路

三、转向信号装置

1. 转向信号装置的组成

转向信号装置一般由左转向灯、右转向灯（见图 4-32）、转向指示灯、转向灯开关、闪光器和连接电路等组成。

2. 转向灯的作用

当汽车要向左或右转向时，通过操纵转向开关，使车辆左边或右边的转向灯经闪光器通电而闪烁发光。如图 4-33 所示，转向后，回转转向盘，转向盘控制装置可自动使转向开关回位，转向灯熄灭。驾驶人还可以通过操纵危险警报开关使全部转

向灯闪亮，发出警示。

图 4-32　右转向灯

图 4-33　转向灯的作用

3. 闪光器的结构与工作原理

闪光器是控制转向灯闪烁频率的装置。闪光器主要有电热式、电容式和电子式 3 类。电子式闪光器具有性能稳定、可靠等优点，因此被广泛应用。

电子式闪光器主要由晶体管开关电路（晶体管、电容等）和小型继电器组成，如图 4-34 所示。它有 3 个端子，一个为正极端子 B，一个为负极端子 E，另一个是输出到转向灯开关的端子 L 或 S。

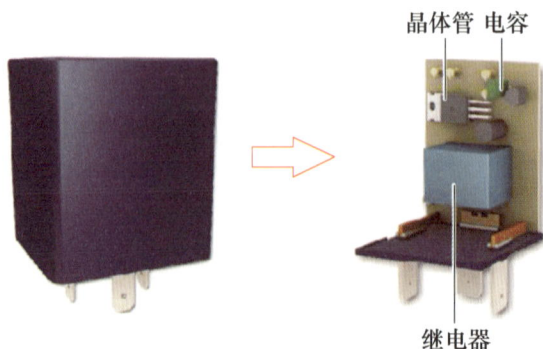

图 4-34　电子式闪光器

电子式闪光器的工作原理如图 4-35 所示，当驾驶人打开左转向灯开关时，电流由蓄电池正极→闪光器接线柱 B→电阻 R_1→继电器的常闭触点→接线柱 S→转向灯开关→左转向灯→搭铁→蓄电池负极，形成回路，左转向灯点亮。当电流通过电阻 R_1 上产生电压降，晶体管因正向偏压而导通，集电极电流通过继电器线圈，使继电器的常闭触点立即打开，左转向灯随之熄灭。晶体管导通的同时，其基极电流向电容器充电。电流由蓄电池正极→接线柱 B→晶体管的发射极→基极→电容器→电阻 R_2→接线柱 S→转向灯开关→转向灯→搭铁→蓄电池负极，形成回路。随着电容器电荷的积累，充电电流逐渐减小，晶体管的集电极电流也随之减小，当电流减小，线圈中产生的磁力不足以维持衔铁的吸合而释放，继电器触点重又闭合，转向灯又再次发亮。这时电容器 C 通过电阻 R_2、继电器触点放电，放电电流在 R_2 产生的电压降为晶体管提供正向偏压使其导通。这样，电容器不断地充电和放电，晶体管也就不断地导通与截止，控制继电器触点反复地打开、闭合，使转向灯闪烁。

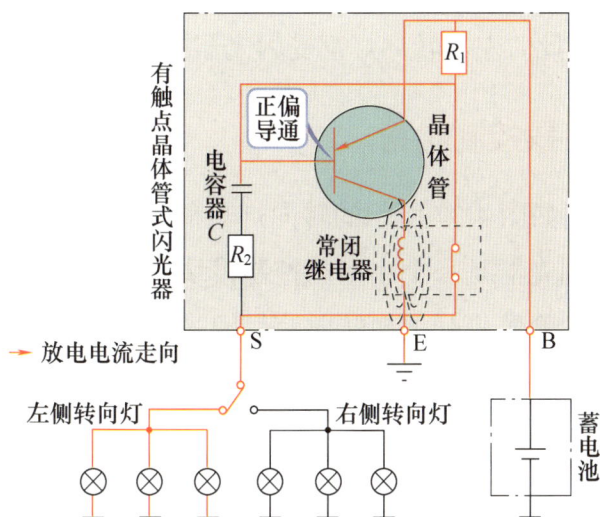

图 4-35 电子式闪光器的工作原理

4. 典型的转向灯、危险警告灯控制电路

典型的转向灯、危险警告灯控制电路图如图 4-36 所示，当驾驶人要向右侧转向时，将转向灯开关拨往右侧，电流通路为蓄电池正极→点火开关→转向熔丝→危险警告灯开关→转向信号闪光器→转向灯开关→右转向灯→搭铁。此时右侧转向灯受闪光器的控制而闪亮。

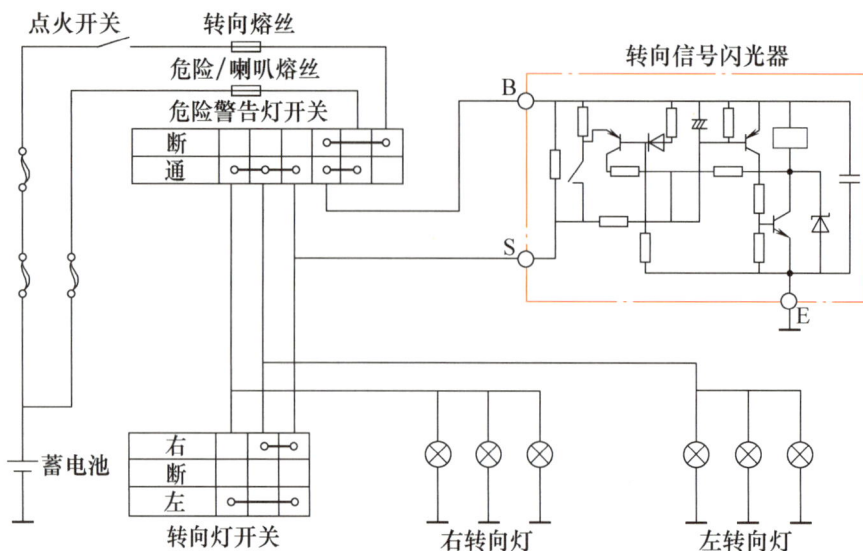

图4-36　转向灯、危险警告灯控制电路图

当驾驶人遇到紧急情况需停车时，按下危险警告灯开关，电流通路为蓄电池正极→危险/喇叭熔丝→危险警告灯开关→转向信号闪光器→危险警告灯开关→右转向灯和左转向灯→搭铁。此时左右转向灯都受闪光器的控制而闪亮。

四、危险警告装置控制电路

丰田车系较多采用如图4-37所示的转向灯与危险警告灯的控制电路，该控制电路的特点是转向信号闪光器是一个小型的控制模块，一般安装在驾驶室熔丝与继电器盒内。转向开关与危险警告开关向转向信号闪光器提供开关信号，再由转向信号闪光器内的晶体管通过继电器控制转向灯的闪烁。

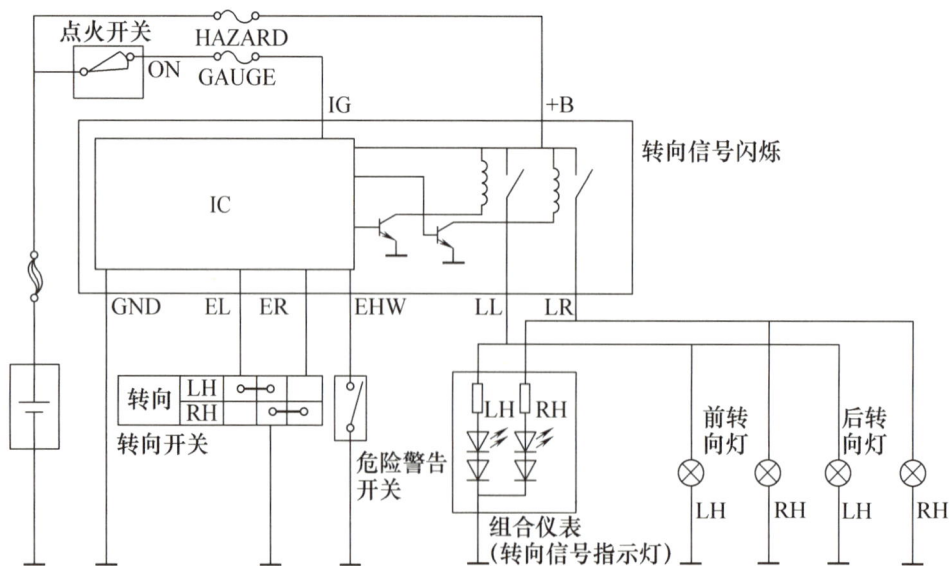

图4-37　丰田卡罗拉转向灯、危险警告灯控制电路

（1）**左转向开关 ON 时**　如图 4-38 所示，当转向开关移动到左边（LH）位置时，转向信号闪光器的 EL 端子接地，闪光器内的晶体管控制继电器工作，电流从 LL 端子流出，左转向灯闪烁。

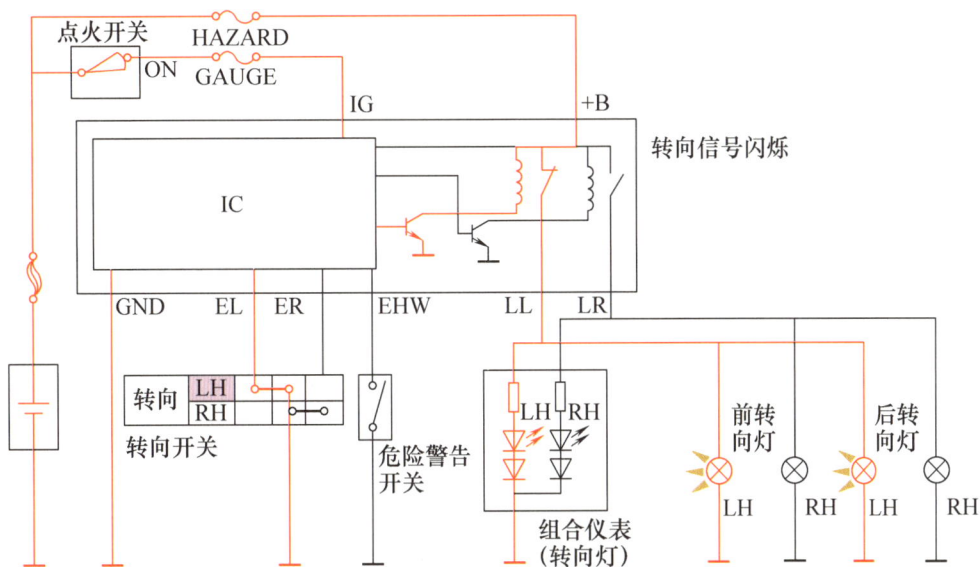

图 4-38　左转向信号开关 ON 时电流通路

（2）**右转向开关 ON 时**　如图 4-39 所示，当转向开关移动到右边（RH）位置时，转向信号闪光器的 ER 端子接地，闪光器内的另一个晶体管控制继电器工作，电流从 LR 端子流出，右转向灯闪烁。

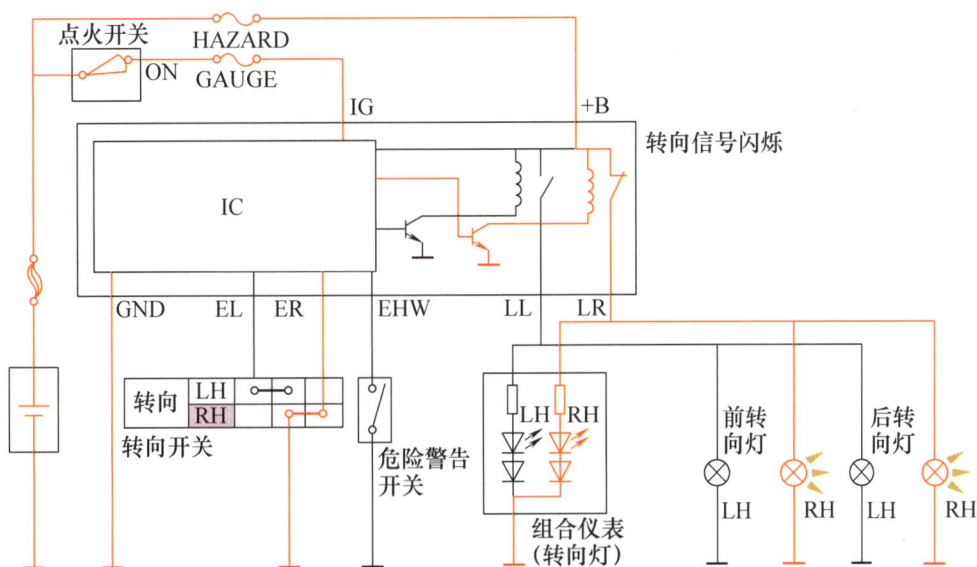

图 4-39　右转向信号开关 ON 时电流通路

（3）**危险警告开关 ON 时** 如图 4-40 所示，当驾驶人遇到紧急情况时，按下危险警告灯开关，转向信号闪光器的 EHW 端子接地，闪光器内的两个晶体管控制两个继电器同时工作，电流从 LL 和 LR 两个端子流出，所有的转向灯闪烁。

图 4-40　危险警告开关 ON 时电流通路

五、制动信号装置

制动灯是与汽车制动系统同步工作的，安装在车辆尾部，当其工作时，告知后面车辆该车正在制动，以避免后面车辆与其相撞。

目前，轿车均装有高位制动灯，它安装在后窗中心线、靠近窗底部附近，当前后两辆车距离很近时，后面车辆驾驶人就能从高位制动灯的亮灭来判断前车的行驶状况。

液压制动系统的制动信号灯一般由与制动踏板直接连动的制动灯开关控制，如图 4-41 所示。

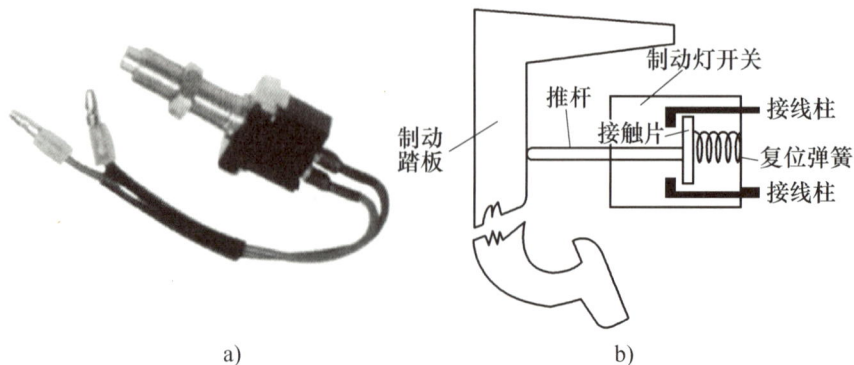

a)　　　　　　　　　　　　b)

图 4-41　制动灯开关

a）外形　b）结构

该类型的制动灯开关是轿车较为常用的制动开关，装在制动踏板的后面，当踏下制动踏板时，推杆被释放，复位弹簧伸张使接触片将两个接线柱接通，开关闭合，使制动灯点亮；当松开制动踏板后，制动踏板使推杆压缩复位弹簧使接触片离开两个接线柱，制动灯电路断开，电路原理图如图 4-42 所示。

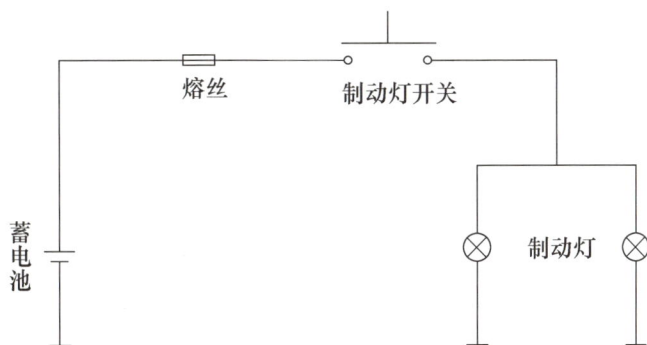

当踩下制动踏板时，制动灯开关导通，制动灯亮。松开制动踏板，制动灯开关断开，制动灯熄灭。

图 4-42　制动灯电路原理图

六、倒车信号装置

倒车灯安装在车辆尾部，在夜间给驾驶人提供额外照明，使其能够在夜间倒车时看清车的后部，同时倒车灯也警告后面车辆的驾驶人和行人，前车驾驶人想要倒车或正在倒车。有些汽车上还装有倒车蜂鸣器。倒车灯和倒车蜂鸣器均由倒车灯开关控制。倒车灯开关装在变速器盖上，当点火开关接通，变速器换至倒车档时，倒车灯点亮，其简化电路如图 4-43 所示。

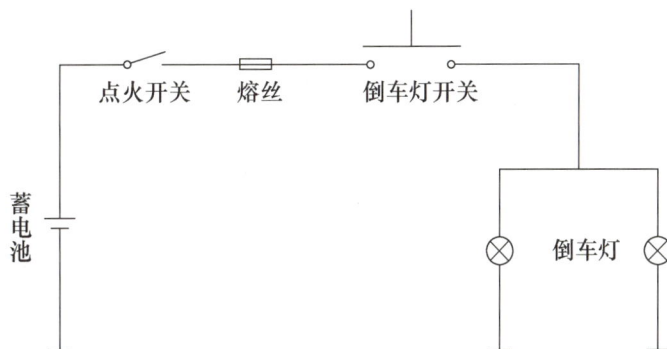

当打开点火且挂入倒档时，倒车灯开关导通，倒车灯亮。

图 4-43　倒车灯电路示意图

七、喇叭信号装置

1. 汽车喇叭的类型与特点

汽车喇叭主要用于警告行人和其他车辆，以引起注意，保证行车安全。

喇叭按发音动力有气喇叭和电喇叭之分；按外形有螺旋（蜗牛）形、盆形、筒形之分，如图4-44所示；按声频有高音和低音之分；按接线方式有单线制和双线制之分。电喇叭声音悦耳、体积小、质量轻，已广泛用于各类汽车上。

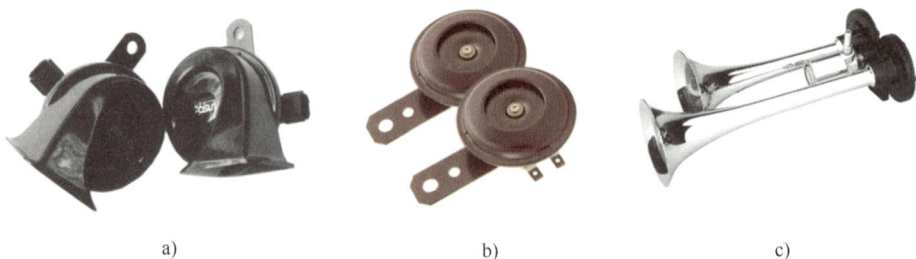

图4-44 喇叭的类型

a）螺旋（蜗牛）形喇叭 b）盆形喇叭 c）筒形喇叭

2. 电喇叭的结构与工作原理

（1）结构 各种电喇叭的工作原理基本相同，图4-45为盆形电喇叭结构示意图，其主要由线圈、衔铁、动触点、静触点、膜片和共鸣片等组成。

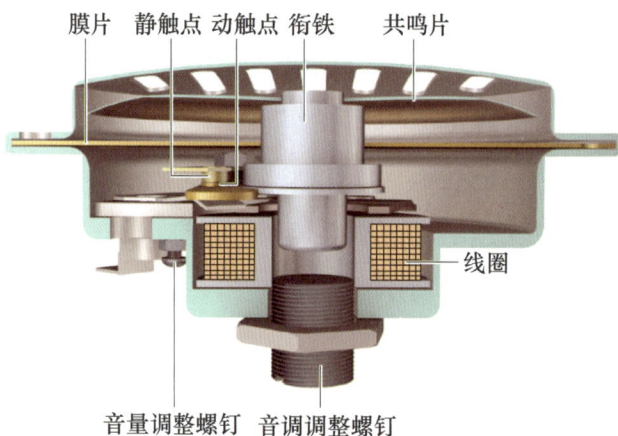

图4-45 盆形电喇叭的结构示意图

（2）工作原理 如图4-46所示，当驾驶人按下位于转向盘中央的喇叭按钮时，电流从蓄电池"+"→喇叭内的线圈→动触点→静触点→喇叭按钮→搭铁，此时线圈通电产生磁力，吸下衔铁，强制膜片向下移动，衔铁移动使动、静触点断开，电流中断，线圈磁力消失，膜片在自身弹性作用下同衔铁一起恢复到原位，动、静触点闭合电路再次接通，电流通过线圈流经触点再次产生磁力，重复上述动作。如此反复循环使膜片不断振动，从而发出音响。共鸣板与膜片刚性连接，可使振动平顺，发出声音更加悦耳。如果想改变喇叭的音量与音调，也可以调整音量与音调的调整螺钉。

膜片不断振动，
发出一定频率的音波。

闭合

电喇叭按钮

喇叭的工作
原理

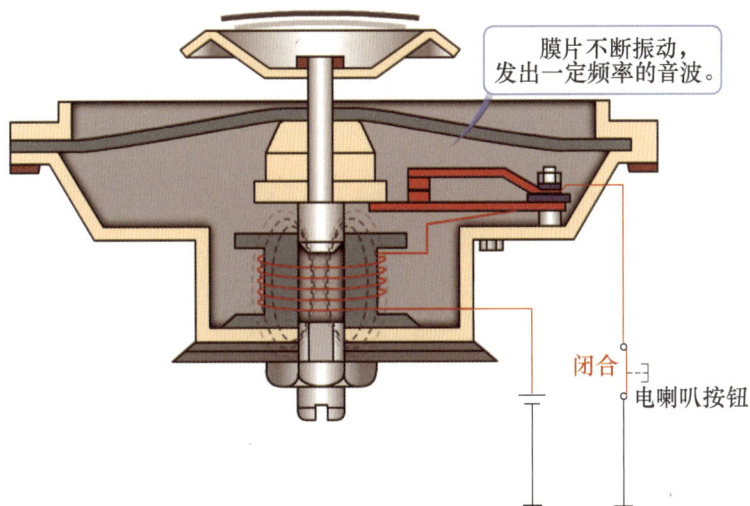

图 4-46   电喇叭的工作原理

3. 喇叭的控制电路

为了得到较为和谐悦耳的声音，在汽车上一般装有高、低音两个电喇叭。由于
电喇叭工作电流较大，为了保护电喇叭按钮，一般在电喇叭电路中设有喇叭继电器，
控制电路如图 4-47 所示。

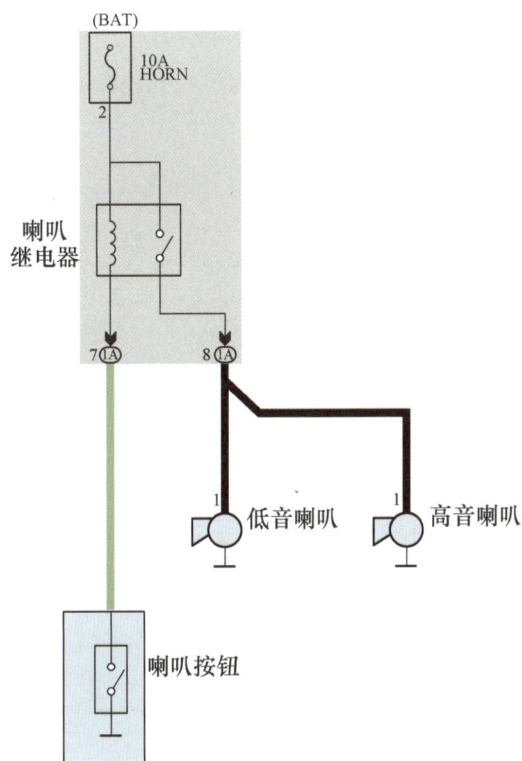

(BAT)

10A
HORN

2

喇叭
继电器

7 1A   8 1A

低音喇叭   高音喇叭

喇叭按钮

图 4-47   喇叭的控制电路

检修信号系统	学习任务单	班级：
		姓名：

1. 汽车的信号系统主要有_____信号装置、_____信号装置、制动信号装置及_____信号装置等。

2. 写出下图中直线所指信号装置的名称：

3. 示宽灯安装在汽车前部和尾部，用于夜间给其他车辆指示车辆的位置与宽度，功率一般为5~10W，前示宽灯俗称_____，灯光为白色或黄色，一般安装在前_____内；后示宽灯俗称尾灯，灯光为红色，一般安装在后组合灯内，与制动灯共用一个双灯丝的灯泡。

4. 转向灯用于表明该车正在转弯或改换车道。为了起到较好的提示作用，要求转向灯闪烁频率_____次/min。灯光为_____色。

5. 危险警告灯，当车辆在紧急停车或临时驻车时，所有_____灯同时闪烁，给前后左右的车辆显示该车的位置。

6. _____安装在车辆的尾部，在汽车制动减速时，发出灯光信号，以警示尾随在后面的车辆及行人，以防止追尾事故的发生，灯光为红色。

7. 用不同颜色的笔在下面电路图中分别标注左转向灯、右转向灯点亮时，电流流经的路径和方向。

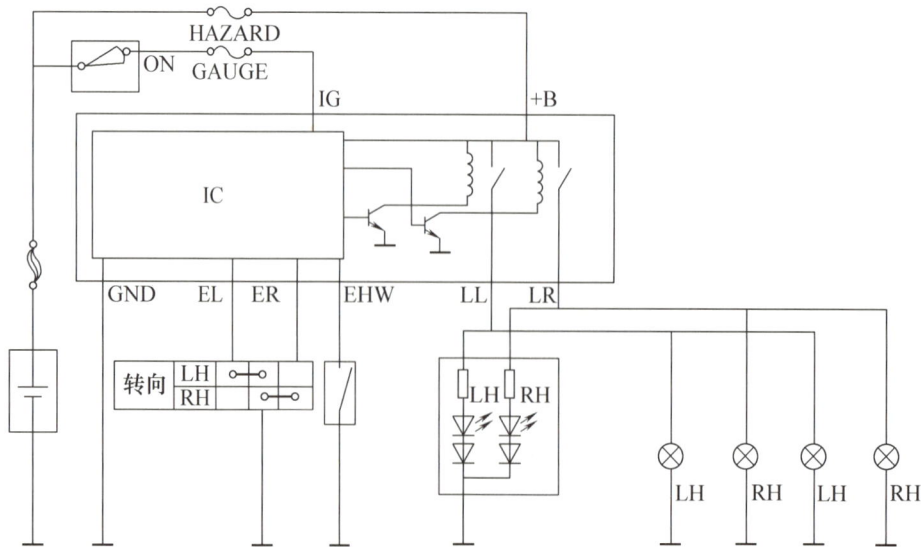

任务实施

实训器材

整车或电气实训台架、万用表、常用维修工具和维修手册等。

作业准备

1）车辆在工位停放周正。

2）铺好车内和车外护套。

操作步骤

一、灯光的检查

为了提高工作效率，一般由两人合作检查灯光，一人在车内操纵灯光并检查车内指示灯工作是否正常，另一人在车外查看各照明灯与信号灯是否正常，两人之间用手势配合检查，逐一检查各灯光工作是否正常。

1）车身前部应检查的灯光主要有示宽灯、近光灯、远光灯、闪光灯（超车灯）、前左转向灯、前右转向灯、前危险警告灯和前雾灯，如图4-48所示。

2）车身后部应检查的灯光主要有尾灯、牌照灯、制动灯（含高位制动灯）、后雾灯、后左转向灯、后右转向灯、后危险警告灯和倒车灯，如图4-49所示。

情智知识

精益求精，追求品质零缺陷。

工匠心做事就是要精益求精，没有"差不多"，"差不多"就是差很多，就是一种对工作做不到位或不负责任的托词。零缺陷工作听起来很神圣，也很有难度，但它也是由工作中每一个简单的结果联合组成的。日常生活中，我们购买手机等商品时所用的选择眼光，就是"零缺陷"的眼光，就是"零缺陷"的标准。那么，我们为什么不能用"零缺陷"的思想来指导和检查我们的学习和工作呢？只有将"零缺陷"的思想与我们所倡导的负责的作风有机地融合起来，才能走出"差不多就行""马马虎虎"的思想。

图4-48　检查车身前部灯光

图4-49　检查车身后部灯光

二、转向灯与危险警告灯故障的诊断与排除

在进行故障诊断和排除之前，首先打开点火开关，将转向灯开关打开到左侧或右侧位置，查看相应侧转向灯是否闪亮，然后根据以下的故障现象确定诊断与排除实施步骤。

现以图 4-36 所示的电路为例，介绍转向灯、危险警告灯故障诊断步骤和排除方法。

1. 左、右转向灯都不亮的诊断与排除

1）按下危险警告灯开关，查看危险警告灯是否正常。如危险警告灯也不亮，说明闪光器可能存在故障，需更换闪光器；如危险警告灯点亮正常，进入下一步。

2）从熔丝盒内找到转向熔丝，测量转向熔丝是否断路，如断路更换转向熔丝；如正常，进入下一步。

3）拔下闪光器，打开点火开关，测量闪光器 3 个接脚的 B 和 E 脚，测量电压应为 12V，否则说明危险警告灯开关至闪光器的连接电路故障，需更换危险警告灯开关或维修线路；如正常，进入下一步。

4）拆下转向灯开关，测量转向灯开关在左、右转向位置时内部触点是否接通，如不通，说明转向开关损坏，需更换。

2. 一侧转向灯不亮的诊断与排除

1）首先检查该侧的前、后转向灯和仪表内的指示灯是否都不亮，如只有某个灯不亮，可能是该灯泡损坏，需更换灯泡。如一侧都不亮而另一侧正常，进入下一步。

2）按下危险警告灯开关，查看危险警告灯是否正常；如危险警告灯点亮正常，说明转向灯开关内部损坏，需更换转向灯开关；如危险警告灯的这一侧也不亮，说明该侧的转向灯连接电路断路。

3. 危险警告灯不亮的诊断与排除

1）打开点火开关，查看左、右转向灯是否正常；如左、右转向灯不亮，说明闪光器可能损坏，需更换闪光器；如转向灯正常，进入下一步。

2）从熔丝盒内找到危险 / 喇叭熔丝，测量熔丝是否断路，如断路，需更换熔丝；如正常，危险警告开关可能存在故障，需更换危险警告开关。

4. 左、右转向灯闪光频率不一致的诊断与排除

1）检查闪光频率快的一侧转向灯是否全部点亮，如存在某个灯泡损坏，就会造成该侧闪光频率加快。

2）对照检查左、右转向灯亮度是否一致，如亮度不一致，可能是由于使用了功

率不一致的灯泡，或亮度弱的灯泡存在搭铁不良的故障。

三、制动灯不亮的诊断与排除

1）踏下制动踏板，查看左右制动灯是否都不亮，如只有某个灯不亮，说明灯泡可能损坏，需更换灯泡。如都不亮，进入下一步。

2）检查制动灯熔丝是否断路，如断路需更换熔丝；如正常，进入下一步。

3）拔下制动灯开关插头，用短接线直接连接插头的导线，查看制动灯是否点亮，如不亮，说明制动灯电路断路；如点亮正常，说明制动灯开关损坏，需更换制动灯开关。

四、倒车灯不亮的诊断与排除

1）打开点火开关，挂入倒车档，查看左右倒车灯是否都不亮，如只有某个灯不亮，说明灯泡可能损坏，需更换灯泡。如都不亮，进入下一步。

2）检查倒车灯熔丝是否断路，如断路需更换熔丝；如正常，进入下一步。

3）拔下倒车灯开关插头，用短接线直接连接插头的导线，查看倒车灯是否点亮，如不亮，说明倒车灯电路断路；如点亮，说明倒车灯开关损坏，需更换倒车灯开关。

五、喇叭不响的诊断与排除

1）从熔丝盒内找到喇叭熔丝，测量喇叭熔丝是否断路，如断路则更换熔丝；如正常，进入下一步。

2）拔下喇叭继电器，向继电器线圈施加蓄电池电压，用万用表测量继电器触点是否导通，如不通，说明继电器损坏，需更换喇叭继电器，如正常，进入下一步。

3）拔下喇叭插头，用测试灯连接插头处导线，按下喇叭按钮，查看测试灯是否点亮，如点亮，说明喇叭损坏；如不亮，说明按钮开关或连接电路有故障。

检修信号系统	工作任务单	班级： 姓名：

1. 车辆信息的记录

品牌		整车型号		生产年月	
发动机型号		发动机排量		行驶里程	
车辆识别代号					

2. 灯光的检查

检查项目	左前	右前	检查项目	左后	右后
示宽灯	异常□ 正常□	异常□ 正常□	尾灯	异常□ 正常□	异常□ 正常□
近光灯	异常□ 正常□	异常□ 正常□	牌照灯	异常□ 正常□	异常□ 正常□
远光灯	异常□ 正常□	异常□ 正常□	后转向灯	异常□ 正常□	异常□ 正常□
闪光灯	异常□ 正常□	异常□ 正常□	后危险警告灯	异常□ 正常□	异常□ 正常□
前转向灯	异常□ 正常□	异常□ 正常□	后雾灯	异常□ 正常□	异常□ 正常□
前危险警告灯	异常□ 正常□	异常□ 正常□	制动灯	异常□ 正常□	异常□ 正常□
前雾灯	异常□ 正常□	异常□ 正常□	倒车灯	异常□ 正常□	异常□ 正常□

3. 喇叭的检查

检查项目	方向正中时	左转向 90° 时	右转向 90° 时	维修措施
喇叭	异常□ 正常□	异常□ 正常□	异常□ 正常□	维修□ 调整□ 更换□

4. 照明系统的故障诊断与排除

故障现象	
故障范围	
检测流程	
故障点确认	
维修措施	维修□ 调整□ 更换□

5. 查阅维修手册

序号	部件名称	章节及页码	规格（米制）
1		第　　章　　页	
2		第　　章　　页	
3		第　　章　　页	

检修信号系统			实习日期：		
姓名：		班级：	学号：		导师签名：
自评：□熟练 □不熟练		互评：□熟练 □不熟练	师评：□合格 □不合格		
日期：		日期：	日期：		

检修信号系统【评分细则】

序号	评分项	得分条件	分值	评分要求	自评	互评	师评
1	安全/7S/态度	□ 1. 能进行工位 7S 操作 □ 2. 能进行设备和工具安全检查 □ 3. 能进行车辆安全防护操作 □ 4. 能进行工具清洁、校准、存放操作 □ 5. 能进行三不落地操作	15	未完成 1 项扣 3 分，扣分不得超过 15 分	□熟练 □不熟练	□熟练 □不熟练	□合格 □不合格
2	专业技能能力	作业 1 基本检查 □ 1. 能正确地检查示宽灯是否正常 □ 2. 能正确地检查近光灯是否正常 □ 3. 能正确地检查远光灯是否正常 □ 4. 能正确地检查闪光灯是否正常 □ 5. 能正确地检查前转向灯是否正常 □ 6. 能正确地检查前危险警告灯是否正常 □ 7. 能正确地检查前雾灯是否正常 □ 8. 能正确地检查尾灯是否正常 □ 9. 能正确地检查牌照灯是否正常 □ 10. 能正确地检查后转向灯是否正常 □ 11. 能正确地检查后危险警告灯是否正常 □ 12. 能正确地检查后雾灯是否正常 □ 13. 能正确地检查制动灯是否正常 □ 14. 能正确地检查倒车灯是否正常 □ 15. 能正确地检查喇叭是否正常 作业 2 简易故障排除 □ 1. 能正确地判断故障现象 □ 2. 能正确地确定故障范围 □ 3. 能正确地规范检测流程 □ 4. 能正确地分析并检测出故障点 □ 5. 能正确地分析故障点并判定维修措施	50	未完成 1 项扣 3 分	□熟练 □不熟练	□熟练 □不熟练	□合格 □不合格
3	工具及设备的使用能力	□ 1. 能正确地使用维修工具 □ 2. 能正确地使用万用表	10	未完成 1 项扣 5 分	□熟练 □不熟练	□熟练 □不熟练	□合格 □不合格
4	资料、信息查询能力	□ 1. 能正确地使用维修手册查询资料 □ 2. 能正确地记录查询资料的章节及页码 □ 3. 能正确地记录所需维修信息	10	未完成 1 项扣 3 分	□熟练 □不熟练	□熟练 □不熟练	□合格 □不合格
5	数据判断和分析能力	□ 1. 能判断前车灯是否正常 □ 2. 能判断后车灯是否正常 □ 3. 能判断喇叭是否正常 □ 4. 能分析判断故障点	10	未完成 1 项扣 3 分，扣分不得超过 10 分	□熟练 □不熟练	□熟练 □不熟练	□合格 □不合格
6	表单填写报告的撰写能力	□ 1. 字迹清晰 □ 2. 语句通顺 □ 3. 无错别字 □ 4. 无涂改 □ 5. 无抄袭	5	未完成 1 项扣 1 分，扣分不得超过 5 分	□熟练 □不熟练	□熟练 □不熟练	□合格 □不合格
总分：							

项目五 / Project 5

仪表和报警系统

任务

检修仪表和报警系统

🔧 任务目标

知识目标

1）掌握汽车各仪表和指示灯的名称及作用。

2）了解仪表和报警系统的结构和工作原理。

技能目标

1）会熟练地拆装仪表与仪表各传感器。

2）会排除汽车仪表和报警系统简易故障。

素养目标

1）能在工作过程中与小组其他成员合作、交流，养成团队合作意识，锻炼沟通能力。

2）养成 7S 工作习惯。

3）养成服从管理、规范作业的工作习惯。

🚗 任务描述

一位丰田卡罗拉轿车车主将车开到服务站，反映燃油表加满油后指针仍然在最低位置，需要维修。

相关知识

一、汽车仪表概述

汽车仪表用来指示汽车运行以及发动机运转的状况，以便驾驶人随时了解各系统的工作情况，保证汽车可靠而安全地行驶。

不同汽车的组合仪表中仪表个数不同，一般仪表板上主要有冷却液温度表、燃油表、发动机转速表和车速里程表等。仪表板上还有许多指示灯、警告灯、仪表照明灯和时钟显示等，如图 5-1 所示。

冷却液温度表　转向指示灯　车速表　燃油表

警告与指示灯　时钟　发动机转速表　档位指示灯　里程表

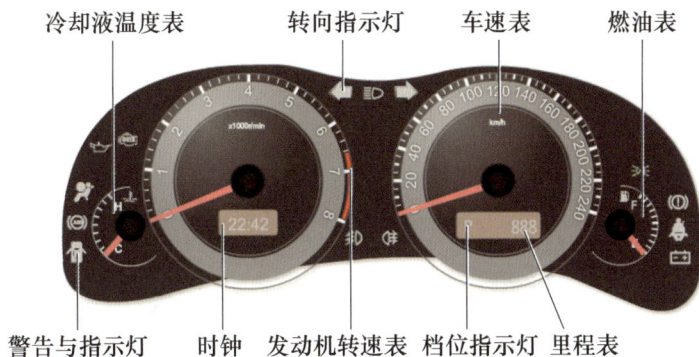

图 5-1　汽车组合仪表板

二、汽车仪表的结构与工作原理

1. 冷却液温度表

（1）作用与结构　冷却液温度表用来检测和显示发动机水套中冷却液的工作温度，以防止发动机过热，它由安装在仪表板内的冷却液温度指示表和安装在发动机气缸盖上的冷却液温度传感器等组成，如图 5-2 所示。冷却液温度表可分为电热式和电磁式两种，现代轿车一般采用电磁式。冷却液温度传感器可分为双金属片式和热敏电阻式两种，现代轿车一般采用热敏电阻式，当它周围温度升高时，电阻值会变小；当周围温度降低时，电阻值会变大。

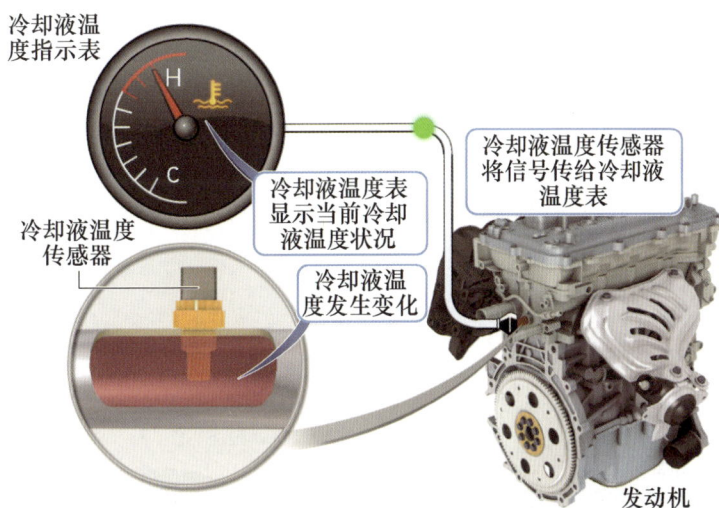

冷却液温度指示表

冷却液温度传感器

冷却液温度表显示当前冷却液温度状况

冷却液温度发生变化

冷却液温度传感器将信号传给冷却液温度表

发动机

图 5-2　冷却液温度表的作用和组成

（2）工作原理　如图 5-3 所示，冷却液温度表刻度盘从下至上标明 C、H，分别表示低温和高温，一般发动机工作时，指针不达到红色区域为正常。位于发动机气缸盖水套上的冷却液温度传感器阻值随温度升高而减小。

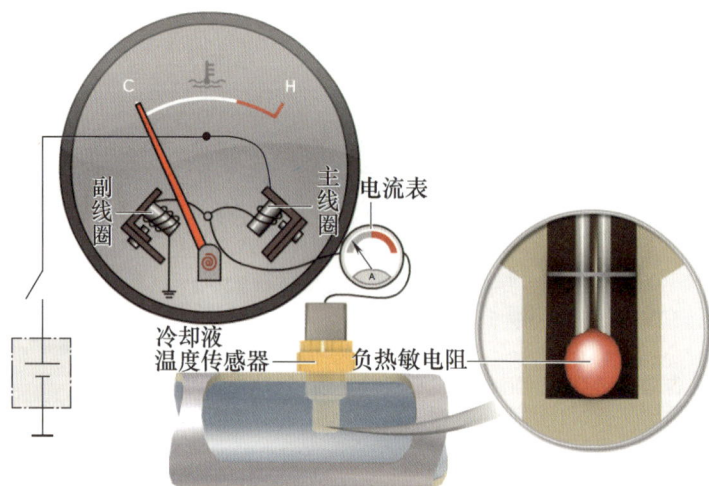

图 5-3　冷却液温度表的工作原理

当发动机冷却液温度较低时，传感器电阻值较大，流经主线圈和副线圈的电流差不多，但由于副线圈匝数多，产生的磁场强，吸引衔铁，使指针偏向 C 侧（低温侧）。当冷却液温度逐渐增高时，热敏电阻阻值逐渐减小，分流作用增强，流经副线圈的电流减小，磁力减弱，衔铁被主线圈的磁场吸引，指针向右偏转指向 H 侧（高温侧）。

2. 燃油表

（1）作用与结构　燃油表用来指示燃油箱内燃油的储存量。它由安装在仪表板上的燃油指示表和安装在燃油箱内的燃油量传感器组成，如图 5-4 所示。燃油指示表有电热式和电磁式两种，如图 5-5 所示，目前广泛使用电磁式。燃油量传感器采用可变电阻式。

（2）工作原理　如图 5-6 所示，燃油指示表刻度盘从左至右标明 E、1/2、F，分别表示燃油箱内无油、半箱油、满油。可变电阻式传感器由电阻、滑片、浮子等组成。浮子漂浮在油面上，随油面的高低而起落，从而带动滑片使可变电阻的阻值随之改变。

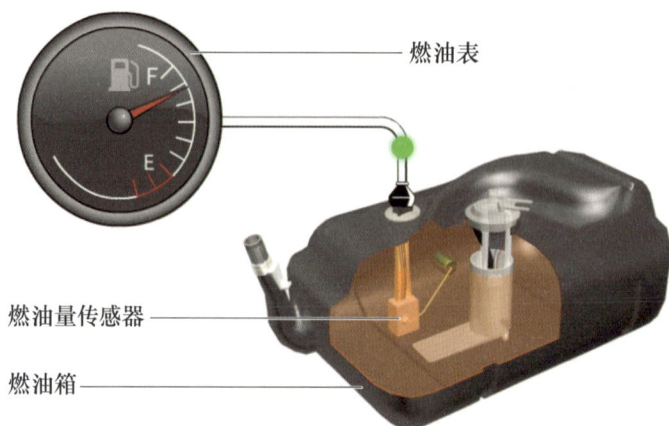

图 5-4　燃油表的作用与组成

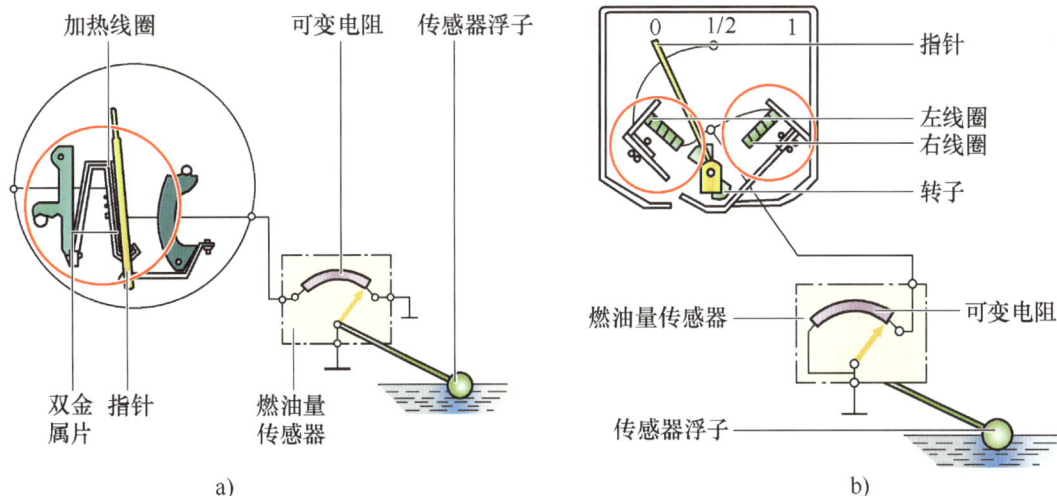

图 5-5 燃油指示表的类型

a）电热式燃油表 b）电磁式燃油表

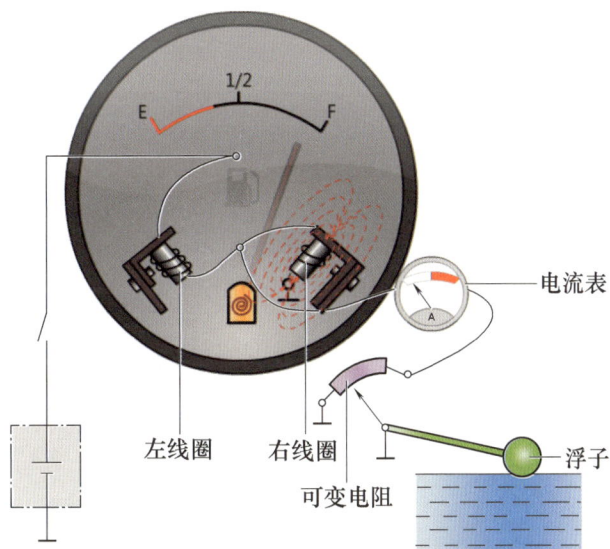

图 5-6 燃油表的工作原理

当燃油箱无油时，浮子下降到最低位置，带动滑动触片，使可变电阻阻值最小。此时，左线圈电流最大，电磁力最大；右线圈通过的电流最小，产生的电磁力也最小，吸引衔铁带动指针偏向最左，指在"E"位上。

当向燃油箱中加油时，随着油量的增多，浮子上升，可变电阻阻值逐渐增大。左线圈中的电流相对原来逐渐减小，右线圈中的电流逐渐增大，电磁力的变化，吸引衔铁带动指针顺时针偏转，指示油量增多。

当油已注满时，浮子上升到最高处，可变电阻阻值最大，此时左线圈中的电流最小，而右线圈中的电流最大，电磁力也达到最大，带动指针偏向最右指在"F"的刻度，表示燃油箱已盛满油。

3. 车速里程表

（1）作用与结构　车速里程表是用来指示汽车行驶速度和累计汽车行驶里程数的仪表，它由车速表和里程表两部分组成。按其工作原理的不同可分为机械式和电子式两种，其中电子式目前应用的最广泛，如图5-7所示。

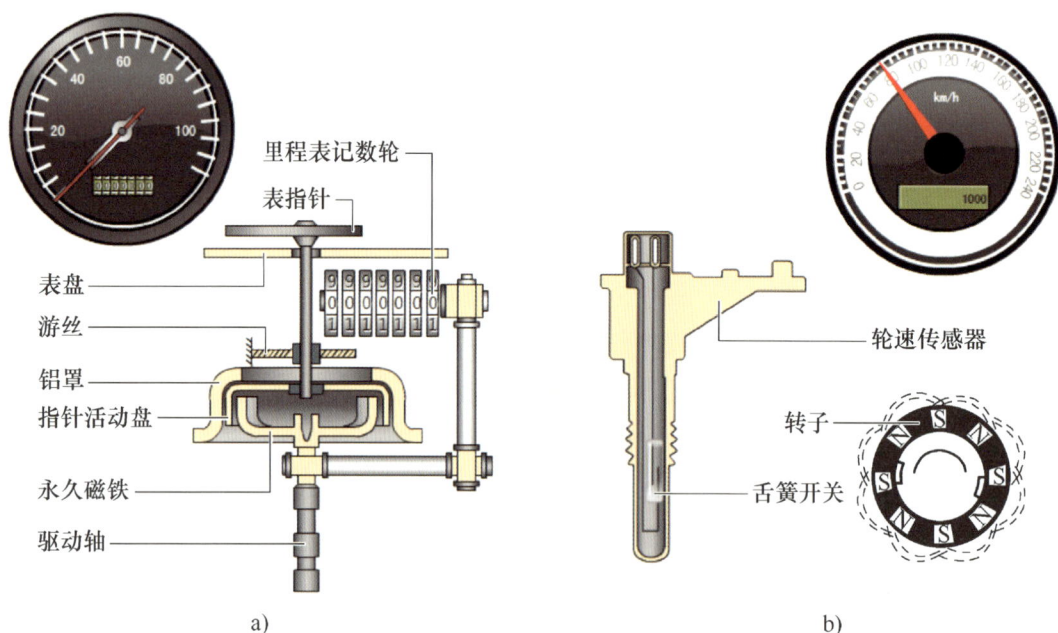

里程表记数轮
表指针
表盘
游丝
铝罩
指针活动盘
永久磁铁
驱动轴
轮速传感器
转子
舌簧开关
a)　　　　　　　b)

图5-7　车速里程表的类型与组成
a）机械式　b）电子式

（2）工作原理　电子式车速里程表主要由安装在仪表板内的车速表、里程表、电子电路和步进电动机，还有安装在变速器输出端的车速传感器组成，如图5-8所示。

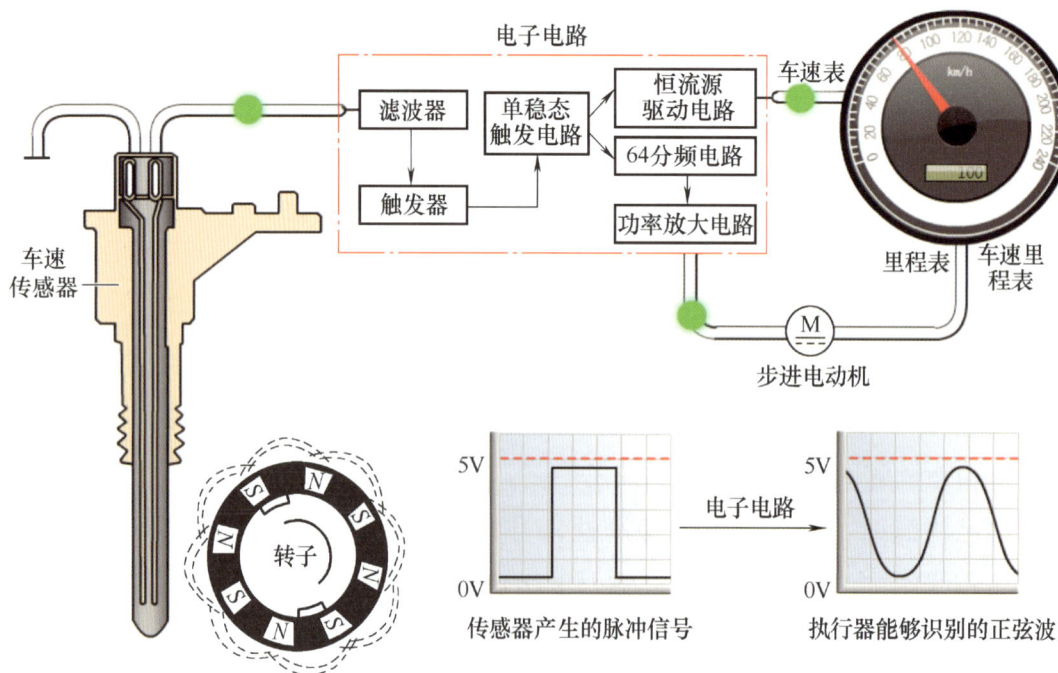

电子电路
滤波器
单稳态触发电路
触发器
恒流源驱动电路
64分频电路
功率放大电路
车速表
车速传感器
里程表
车速里程表
步进电动机
5V
0V
电子电路
5V
0V
传感器产生的脉冲信号
执行器能够识别的正弦波
转子

图5-8　车速里程表的工作原理

　　车速传感器（图 5-9）由变速器输出轴驱动，能够产生正比于汽车行驶速度的电信号。它由一个干簧开关和一个含有 4 对磁极的转子组成。变速器输出轴带动转子每转一周，干簧开关中的触点闭合 8 次，产生 8 个脉冲信号，汽车每行驶 1km，车速传感器将输出 4127 个脉冲。

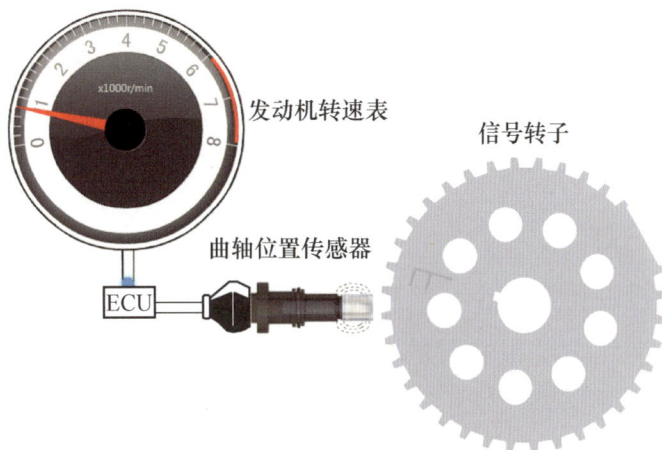

图 5-9　车速传感器

　　电子电路的作用是将车速传感器送来的具有一定频率的电信号，经整形、触发，输出一个与车速成正比的电流信号。该电子电路主要包括稳压电路、单稳态触发电路、恒流源驱动电路、64 分频电路和功率放大电路等。

　　车速表实际上是一个磁电式电流表，当汽车以不同车速行驶时，从电子电路输出的与车速成正比的电流信号便驱动车速表指针偏转，从而指示相应的车速。

　　里程表由一个步进电动机及六位数字的十进位齿轮计数器组成。步进电动机是一种利用电磁铁的作用原理将脉冲信号转换为线位移或角位移的电动机。车速传感器输出的频率信号经 64 分频后，再经功率放大器放大到足够大的功率，驱动步进电动机，带动六位数字的十进位齿轮计数器工作，从而积累行驶的里程。

4. 发动机转速表

　　（1）作用与组成　发动机转速表用来测量发动机曲轴的转速，它由安装在仪表板内的转速指示表和安装在发动机带轮处的转速传感器（也称为曲轴位置传感器）等组成，如图 5-10 所示。

图 5-10　转速表的组成与工作原理

　　转速表按其转速信号获取方式的不同可分为：

　　1）从点火系统获取信号的转速表。

2）测取飞轮、正时齿轮或曲轴转速的转速表。

3）从发电机上获取转速信号的转速表。

（2）工作原理　当发动机运转时，转速传感器的信号转子随曲轴一起转动，使曲轴位置传感器产生随转速变化而变化的电压信号，并将该信号传输到发动机 ECU，ECU 将该信号处理后，向转速指示表输出一个与转速成正比的频率信号，转速指示表内部的电子电路便驱动转速表指针偏转，从而指示相应的转速。

发动机转速表指针示值 ×1000r/min，表示每分钟发动机转速。观察转速表能使驾驶人正确地选择换档时机、防止发动机超速运转。转速表上标有红色危险区，发动机转速一般不得越过危险标线，否则会使发动机早期损坏。

三、汽车报警装置

为了指示汽车某系统的工作状况，引起驾驶人的注意，保证行车安全，防止事故发生，汽车上设置很多报警装置。

汽车报警装置通常由警告灯和报警开关组成，当被监测的系统或总成不正常时，开关接通指示灯发光，用以提醒驾驶人，如机油压力警告灯。警告灯通常安装在仪表板上，灯泡的功率一般为 1~4W，在灯泡前装有滤光片，使警告灯发出红光或黄光，滤光片上通常有标准图形符号，如图 5-11 所示。

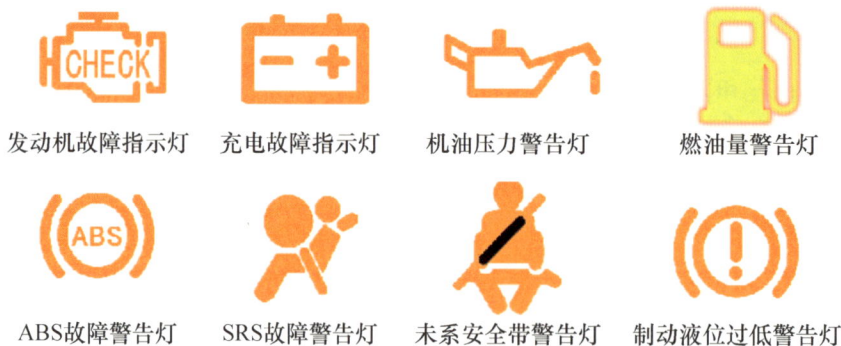

| 发动机故障指示灯 | 充电故障指示灯 | 机油压力警告灯 | 燃油量警告灯 |

| ABS故障警告灯 | SRS故障警告灯 | 未系安全带警告灯 | 制动液位过低警告灯 |

图 5-11　汽车警告灯

1. 机油压力警告灯

当润滑系统的机油压力低于允许值时，该警告灯亮，提醒驾驶人注意发动机的机油压力异常。机油压力警报装置的报警开关一般装在主油道上，膜片式机油压力报警开关电路如图 5-12 所示。

当机油压力低于 0.05~0.09MPa 时，膜片在弹簧的作用下使触点接合，电路接通，警告灯点亮；当机油压力高于 0.05~0.09MPa 时，机油压力将膜片顶起使触点分开，电路断开，警告灯熄灭。

机油压力开关
的作用

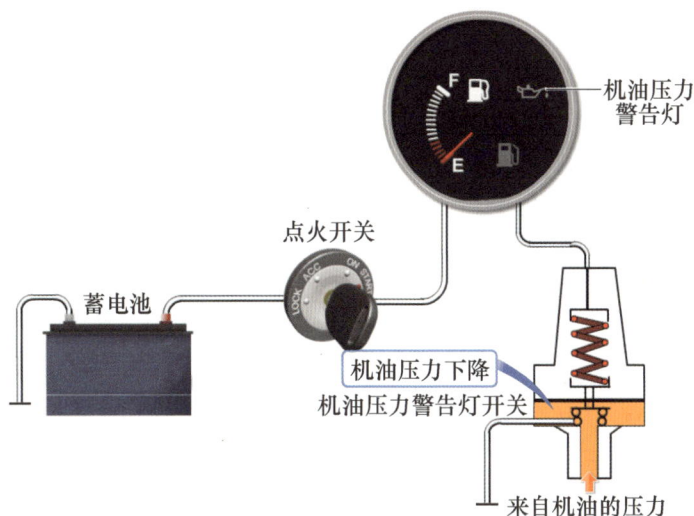

图 5-12　膜片式机油压力报警开关电路

2. 燃油量警告灯

燃油量报警装置的作用是当燃油箱内燃油减少到规定值以下时，仪表板上的燃油量警告灯点亮，提醒驾驶人注意。它由热敏电阻式燃油报警传感器和警告灯组成，如图 5-13 所示。

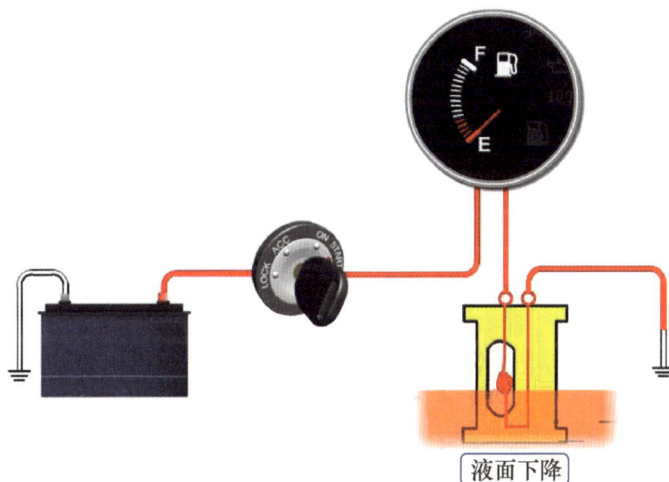

图 5-13　燃油量警告灯

当燃油多时，具有负温度特性的热敏电阻浸泡在燃油中，散热快，温度较低，电阻值大，所以电路中电流很小，警告灯不亮。当燃油减少到规定值以下时，热敏电阻会露出油面，散热慢，温度升高，电阻值减小，电路中电流增大，警告灯亮。

3. 液面不足警告灯

液面不足警告灯可用于检测制动液面、冷却液面以及风窗洗涤器等液量是否符合要求，当液面下降到规定值以下时将点亮警告灯报警。液面报警装置由液面传感器和警告灯组成。液面传感器安装在储液罐内。

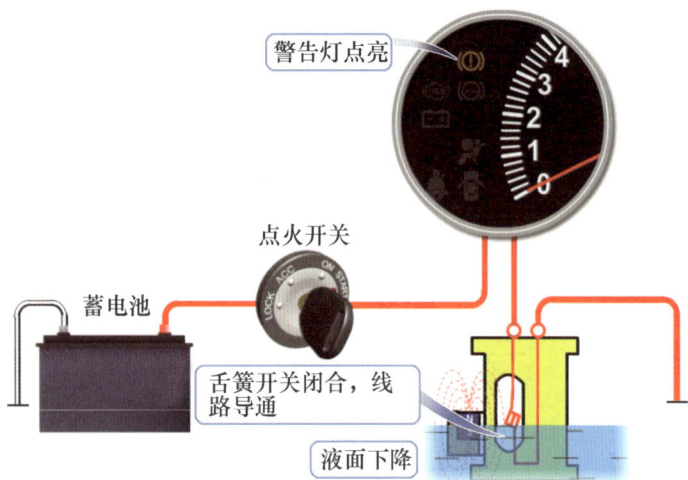

图 5-14　制动液液面警告灯

制动液液面警告灯的结构如图 5-14 所示。永久磁铁安装在浮子内随液面变化而变化。当制动液充足时，浮子的位置高，此时永久磁铁高于舌簧开关的位置，舌簧开关处于断开状态，警告灯电路断开，警告灯不亮。当浮子随着液面下降到规定值以下时，永久磁铁就接近了舌簧开关，吸动舌簧开关使之闭合，接通警告灯电路，警告灯发光报警。

4. 汽车仪表上其他报警装置和警告灯

现代汽车随着电子技术的发展并为了保证行车更加安全、提高车辆的可靠性，不同的汽车在仪表板上还安装了许多报警装置。

如：冷却液温度警告灯、制动液液面警告灯、制动蹄片磨损警告灯，充电系统故障警告灯，EPC 指示灯（电子节气门故障指示灯）、轮胎压力警告灯、电动助力转向指示灯、定速巡航指示灯、TCS（牵引力控制系统）警告灯、ASR（驱动防滑系统）警告灯、VSC（车辆稳定控制）警告灯或 ESP（车身电子稳定系统）警告灯等。

常见的警告灯图形符号和含义见表 5-1。

表 5-1　常见警告灯图形符号和含义

序　号	图形符号	名　称	含　义
1	CHECK	发动机故障指示灯	发动机电控系统异常时，该灯点亮或闪烁
2	EPC	电子节气门故障指示灯	发动机电子节气门系统异常时，该灯点亮或闪烁。EPC 指示灯常见于德国大众车系
3		预热指示灯	点火开关打开时灯亮，预热结束后灯灭
4		防盗指示灯	发动机防盗系统异常时，灯亮
5		充电指示灯	发电机不发电时，灯亮
6		转向指示灯	开转向灯时，灯亮
7		冷却液温度警告灯	冷却液温度过高时，灯亮
8		机油压力警告灯	机油压力过低时，灯亮
9		制动蹄片磨损警告灯	制动蹄片磨损超限时，灯亮
10		车门未关指示灯	任意一车门未关或未关严时，灯亮

（续）

序　号	图形符号	名　　称	含　　义
11		风窗清洗液液位指示灯	风窗清洗液位不足时，灯亮
12		行李舱开启指示灯	行李舱开启时，灯亮
13		燃油量指示灯	燃油量过少时，灯亮或闪烁
14		安全带指示灯	安全带未扣紧或安全带锁扣未插到位时，灯亮
15		ABS 警告灯	ABS 异常时，灯亮或闪烁
16		TCS、ASR 或 ESP 警告灯	TCS（牵引力控制系统）、ASR（驱动防滑系统）或 ESP（车身电子稳定系统）异常时，灯亮或闪烁
17		驻车制动器指示灯	拉起驻车制动器时，灯亮；在一些车型（如德国大众车系）中，该灯兼作制动液液面过低警告指示灯
18		驻车制动警告灯	打开点火开关，该灯才起作用。拉上驻车制动，该灯将保持点亮
19		定速巡航指示灯	有两种状态，当处于巡航待命状态时，指示灯闪烁；当处于巡航状态时，指示灯保持常亮
20		电动助力转向指示灯	电动助力转向系统异常时，灯亮或闪烁
21		远光指示灯	远光灯点亮和熄灭时，该灯同时点亮和熄灭
22		后雾指示灯	后雾灯点亮和熄灭时，该灯同时点亮和熄灭
23		雾灯指示灯	前、后雾灯点亮时，该指示灯相应的标志就会点亮。关闭雾灯后，指示灯熄灭
24		示宽指示灯	用来显示车辆示宽灯的工作状态，平时为熄灭状态，当示宽灯打开时，该指示灯随即点亮。当示宽灯关闭或者关闭示宽灯、打开前照灯时，该指示灯自动熄灭
25		前（后）窗加热器指示灯	前（后）窗加热器工作时，灯亮
26		安全气囊指示灯	安全气囊异常时，灯亮
27		发动机舱盖未关指示灯	发动机舱盖未关或未关严时，灯亮
28		维护指示灯	当里程表公里数累计达到预设置的里程时，该警告指示灯亮起，提醒用户进行整车维护
29		空调内循环指示灯	当打开空调系统内循环按钮，车辆关闭外循环时，该指示灯自动点亮
30		燃油箱盖开启警告灯	燃油箱开启或未关严时，灯亮
31		轮胎压力警告灯	轮胎压力异常时，灯亮
32	O/D OFF	O/D 指示灯	当驾驶人按下自动变速器超速档锁止开关时，该灯点亮；若自动变速器电控系统异常时，该灯点亮或闪烁
33	VSC	VSC 指示灯	VSC（车辆稳定控制）系统异常时，灯亮或闪烁。常见于日本丰田车系

检修仪表和报警系统	学习任务单	班级： 姓名：

1. 写出下图中直线所指仪表装置的名称

2. _____表用来检测和显示发动机水套中冷却液的工作温度，以防止发动机过热，它由安装在仪表板内的冷却液温度指示表和安装在发动机气缸盖上的_____等组成。冷却液温度传感器可分为双金属片式和_____式两种，它当周围温度升高时，电阻值会_____；当周围温度降低时，电阻值会_____。

3. _____表用来指示燃油箱内燃油的储存量。它由安装在仪表板上的燃油指示表和安装在燃油箱内的_____组成。

4. _____表是用来指示汽车行驶速度和累计汽车行驶里程数的仪表，它由安装在仪表板内的车速里程指示表和安装在变速器上的_____等组成。

5. _____表用来测量发动机曲轴的转速，它由安装在仪表板内的转速指示表和安装在发动机传动带轮处的_____等组成。

6. 汽车报警装置通常由报警灯和_____组成，当被监测的系统或总成不正常时，开关接通指示灯发光，用以提醒驾驶人。

7. 在下图横线处写出指示灯的名称。

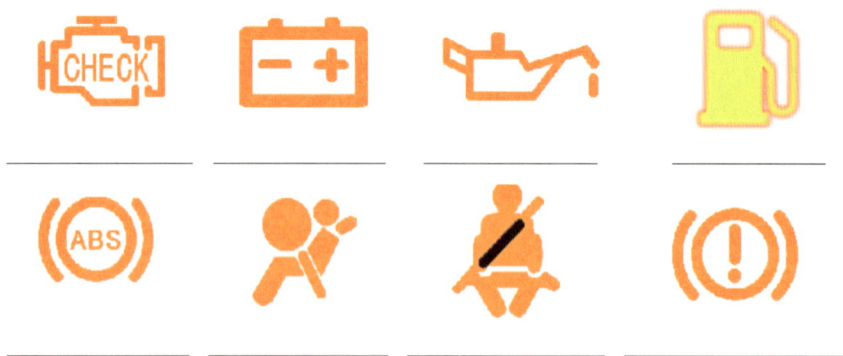

8. 机油压力报警灯的作用是当润滑系统的机油压力_____允许值时，报警灯_____，提醒驾驶人注意发动机的机油压力异常的低。机油压力警报装置的报警开关一般装在主油道上。

任务实施

实训器材

整车或电气实训台架、万用表、常用维修工具和维修手册等。

作业准备

1）车辆在工位停放周正。

2）铺好车内和车外护套。

操作步骤

在进行汽车仪表故障诊断和维修之前，首先运转发动机或路试车辆一段距离，检查汽车仪表内的指示表和警告灯是单个指示表指示不正常还是多个指示表同时指示不正常，如存在多个指示表或警告灯不正常，通常应先检查仪表板的熔丝是否正常，供电电源是否正常，当确认上述部分正常后，可按照下列诊断方式进行故障诊断。

一、冷却液温度表的检修

1. 故障现象

冷却液温度表指针一直固定在某个位置不动。

2. 故障原因

1）冷却液温度传感器损坏。

2）冷却液温度表本身故障。

3）冷却液温度表相关连接电路断路。

3. 检修思路

1）找到位于发动机气缸盖上的冷却液温度传感器，并拔下插接器。

2）用一个试灯（2~5W）一端连接冷却液温度传感器插接器的针脚（单线传感器），试灯另一端搭铁，然后将点火开关置于 ON 位，观察冷却液温度指示表指针是否摆动；若指针摆动，则说明冷却液温度传感器损坏，需更换；若指针不动，进行下一步诊断。

3）从仪表台上拆卸仪表板，不拔下仪表板的连接线。

4）从仪表板插接器的众多线路中找到连接到冷却液温度传感器的线路。

5）将试灯一端搭铁，另一端接冷却液温度传感器线路的端子上，将点火开关置

情智知识

严格遵循工作标准。

严格遵循工作标准是质量的前提，也是工作优异的基础。严格遵循工作标准就是要一丝不差、一毫不变，坚决不能有"大概""差不多"的心态。做事情如果有"差不多""大概过得去""还行吧""凑合"这样的心态，那是最致命的。正是因为我们有这种"差不多"心态，工作中才漏洞百出，失误频频。以工匠心做事就要严格管理工作的过程。"严"就是严格要求、严格管理、严格执行。如果丢掉了"严"字，就会得过且过，毫无责任心，这样的态度对工作有百害而无一利。

于 ON 位，观察冷却液温度指示表指针是否摆动，若指针不动，说明冷却液温度指示表损坏，需更换冷却液温度指示表或组合仪表总成；若指针摆动，说明冷却液温度指示表到传感线路断路。

二、燃油表的检修

1. 故障现象

燃油箱内无论多少燃油，指针总指示无油。

2. 故障原因

1）燃油表本身故障。

2）燃油量传感器损坏。

3）燃油表相关连接电路断路。

3. 检修思路

1）拆下驾驶室内的后排坐垫，找到位于坐垫下方的燃油泵和燃油量传感器插接器，并拔下插接器，如图 5-15 所示。

2）在燃油泵和燃油量传感器插接器的 4 个端子中找到通往燃油量指示表的端子（燃油泵的两个端子一般较粗，燃油量传感器的端子一般较细）。

图 5-15　拔下插接器

3）用一个试灯（2~5W）一端连接通往燃油量指示表的端子，试灯另一端搭铁，如图 5-16 所示，然后将点火开关置于 ON 位，观察燃油指示表指针是否摆动；若指针摆动，则说明燃油量传感器损坏，需更换；若指针不动，进行下一步诊断。

4）从仪表台上拆卸仪表板，不拔下仪表板的连接线。

5）从仪表板插接器的众多线路中找到连接到燃油量传感器的线路。

6）将试灯一端搭铁，另一端接燃油量传感器线路的端子上，将点火开关置于 ON 位，观察燃油表指针是否摆动，若指针不动，说明燃油表损坏，需更换燃油表或组合仪表总成；若指针摆动，说明燃油表到传感器线路断路。

三、车速里程表的检修

1. 故障现象

车速里程表不指示。

图 5-16　检测燃油表端子

2. 故障原因

1）车速里程表本身故障。

2）车速传感器损坏。

3）车速里程表相关连接电路断路或短路。

3. 检修思路

1）找到位于变速器输出端的车速传感器，并拔下插接器。

2）查看车速传感器插接器端子的个数，一般车型为3个端子，分别为正极端子、负极端子和连接车速里程指示表的信号端子。

3）将点火开关置于 ON 位，用万用表测量正极端子应为 12V 或 5V，测量负极端子与搭铁应该导通，否则说明车速传感器的正极或负极线路断路；如正常，进入下一步诊断。

4）用一个试灯（2~5W）一端连接通往车速里程指示表的端子，将点火开关置于 ON 位，再将试灯另一端快速连续搭铁和不搭铁，观察车速里程指示表指针是否摆动：若指针摆动：则说明车速传感器损坏，需更换；若指针不动，进行下一步诊断。

5）从仪表台上拆下仪表板，不拔下仪表板的连接线。

6）从仪表板插接器的众多线路中找到连接到车速传感器的线路。

7）将试灯一端接车速传感器线路的端子上，将点火开关置于 ON 位，另一端快速连续搭铁和不搭铁，观察车速里程表指针是否摆动，若指针不动，说明车速里程指示表损坏，需更换车速里程指示表或组合仪表总成；若指针摆动，说明车速里程指示表到传感器线路断路或短路。

8）用万用表测量仪表端与车速传感器端连接电路的阻值，应能导通；如阻值为 ∞，说明连接电路断路；如正常，进入下一步测量。

9）用万用表测量仪表端到车速传感器端连接电路与搭铁的阻值，应为 ∞，否则说明连接电路短路。

四、发动机转速表的检修

1. 故障现象

发动机转速表始终指示在 0r/min。

2. 故障原因

1）转速表本身故障。

2）转速传感器损坏。

3）转速表相关连接电路断路或短路。

4）发动机 ECU 故障。

123

3. 检修思路

1）转速传感器是电控发动机上非常重要的传感器，该传感器如损坏，一般发动机不能起动；因此，转速传感器损坏，影响的不仅仅是转速表。

2）从仪表台上拆卸仪表板，不拔下仪表板的连接线。

3）从仪表板插接器的众多线路中找到转速表的信号线（连接到发动机 ECU 的线路）。

4）将试灯一端接转速信号线的端子上，将点火开关置于 ON 位，另一端快速连续搭铁和不搭铁，观察转速表指针是否摆动，若指针不动，说明转速指示表损坏，需更换转速指示表或组合仪表总成；若指针摆动，说明转速指示表到发动机 ECU 线路断路或短路。

5）用万用表测量仪表端与发动机 ECU 连接电路的阻值，应能导通；如阻值为∞，说明连接电路断路；如正常，进入下一步测量。

6）用万用表测量仪表端到发动机 ECU 端连接电路与搭铁的阻值，应为∞，否则说明连接电路短路。

五、机油报警装置的检修

1. 故障现象

汽车在运行过程中，发动机机油压力警告灯常亮。

2. 故障原因

1）机油压力开关损坏。

2）机油压力警告灯相关连接电路短路。

3）发动机润滑油路油压过低。

3. 检修思路

1）拔下发动机机油尺，检查机油量是否正常。

2）找到位于气缸体主油道上的机油压力开关，然后拔下插接器，如图 5-17 所示。

3）将点火开头置于 ON 位，检查机油压力警告灯是否还亮，如还继续点亮，说明仪表板到机油压力开关的连接电路短路；如不亮，进入下一步检查。

4）拆下机油压力开关，连接机油压力表，然后再起动发动机检查机油压力在怠速时应大于 0.05MPa，否则说明发动机润滑系统存在压力过低的故障；如测试压力正常，则说明机油压力开关损坏，需更换。

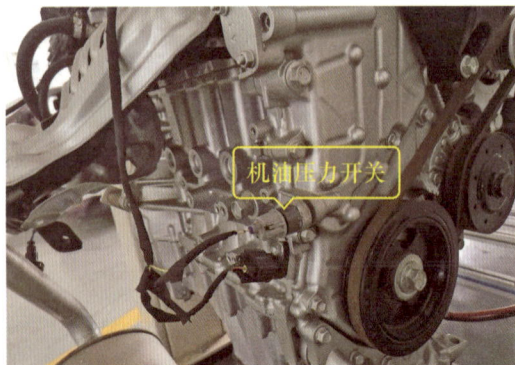

图 5-17　拔下插接器

检修仪表和报警系统	工作任务单	班级：
		姓名：

1. 车辆信息的记录

品牌		整车型号		生产年月	
发动机型号		发动机排量		行驶里程	
车辆识别代号					

2. 汽车仪表的检修

检修的项目	记录	判定	维修措施
冷却液温度表		异常□ 正常□	维修□ 调整□ 更换□
燃油表		异常□ 正常□	维修□ 调整□ 更换□
车速里程表		异常□ 正常□	维修□ 调整□ 更换□
发动机转速表		异常□ 正常□	维修□ 调整□ 更换□

3. 报警指示灯的检修

检修的项目	记录	判定	维修措施
		异常□ 正常□	维修□ 调整□ 更换□

4. 汽车仪表故障诊断与排除

故障现象	
故障范围	
检测流程	
故障点确认	
维修措施	维修□ 调整□ 更换□

5. 查阅维修手册

序号	部件名称	章节及页码	规格（米制）
1		第 章 页	
2		第 章 页	
3		第 章 页	

检修仪表和报警系统			实习日期：			
姓名：		班级：	学号：		导师签名：	
自评：□熟练 □不熟练		互评：□熟练 □不熟练	师评：□合格 □不合格			
日期：		日期：	日期：			

检修仪表和报警系统【评分细则】

序号	评分项	得分条件	分值	评分要求	自评	互评	师评
1	安全/7S/态度	□1. 能进行工位 7S 操作 □2. 能进行设备和工具安全检查 □3. 能进行车辆安全防护操作 □4. 能进行工具清洁、校准、存放操作 □5. 能进行三不落地操作	15	未完成1项扣3分，扣分不得超过15分	□熟练 □不熟练	□熟练 □不熟练	□合格 □不合格
2	专业技能能力	作业1　仪表检查 □1. 能正确地检查燃油表是否正常 □2. 能正确地检查冷却液温度表是否正常 □3. 能正确地检查发动机转速表是否正常 □4. 能正确地检查车速里程表是否正常 作业2　报警灯检查 □1. 能正确地检查故障指示灯是否正常 □2. 能正确地检查机油压力指示灯是否正常 □3. 能正确地检查燃油量指示灯是否正常 □4. 能正确地检查发动机指示灯是否正常 □5. 能正确地检查其他故障指示灯是否正常 作业3　简易故障诊断与排除 □1. 能正确判断故障现象 □2. 能正确判断故障范围 □3. 能规范检测流程 □4. 能正确分析并检测出故障点 □5. 能正确分析故障点并判定维修措施	50	未完成1项扣3分	□熟练 □不熟练	□熟练 □不熟练	□合格 □不合格
3	工具及设备的使用能力	□1. 能正确地使用维修工具 □2. 能正确地使用万用表	10	未完成1项扣3分	□熟练 □不熟练	□熟练 □不熟练	□合格 □不合格
4	资料、信息查询能力	□1. 能正确地使用维修手册查询资料 □2. 能正确地记录查询资料的章节及页码 □3. 能正确地记录所需维修信息	10	未完成1项扣3分	□熟练 □不熟练	□熟练 □不熟练	□合格 □不合格
5	数据判断和分析能力	□1. 能判断汽车仪表是否正常 □2. 能判断仪表报警装置是否正常	10	未完成1项扣3分	□熟练 □不熟练	□熟练 □不熟练	□合格 □不合格
6	表单填写报告的撰写能力	□1. 字迹清晰 □2. 语句通顺 □3. 无错别字 □4. 无涂改 □5. 无抄袭	5	未完成1项扣1分，扣分不得超过5分	□熟练 □不熟练	□熟练 □不熟练	□合格 □不合格

总分：

项目六 / Project 6

辅助电气系统

任务一

检修刮水器

🔧 任务目标

知识目标

1）掌握刮水器与喷水器的组成及工作过程。

2）会分析刮水器与喷水器的控制电路。

技能目标

1）会拆装刮水器与喷水器各部件。

2）会排除刮水器与喷水器电路故障。

素养目标

1）能在工作过程中与小组其他成员合作、交流，养成团队合作意识，锻炼沟通能力。

2）养成 7S 工作习惯。

3）养成服从管理，规范作业的工作习惯。

🚗 任务描述

有一位丰田卡罗拉轿车用户将车开到维修站，反映行驶途中突然遇到下雨，打开刮水器开关后，发现刮水器不工作，当时由于视线不清，车辆无法继续行驶，故需要维修。

相关知识

一、汽车刮水器与喷水器的作用及组成

1. 刮水器与喷水器的作用

为了保证汽车在雨、雪天气行驶时驾驶人有良好的视线，确保行车安全，通常利用刮水器刮除风窗玻璃上的雨水、雪或尘土等，其作用如图 6-1 所示。

刮水器虽然能将附着在风窗玻璃上的雨水、积雪和尘埃及其他脏物刮去。但在清洁泥土和尘埃时，如果风窗玻璃上没有水而干刮就很难刮干净，甚至会刮伤玻璃。因此，汽车上都装有风窗玻璃喷水器。该装置与刮水器配合使用，使汽车风窗玻璃

刮水器系统更加完善。

图 6-1　刮水器与喷水器的作用

刮水器与洗涤
器电路原理

2. 刮水器与喷水器的组成

风窗玻璃刮水器主要由刮水器电动机、刮水器连杆、刮水器臂及片、刮水器开关及相关连接电路等组成，如图 6-2 所示。

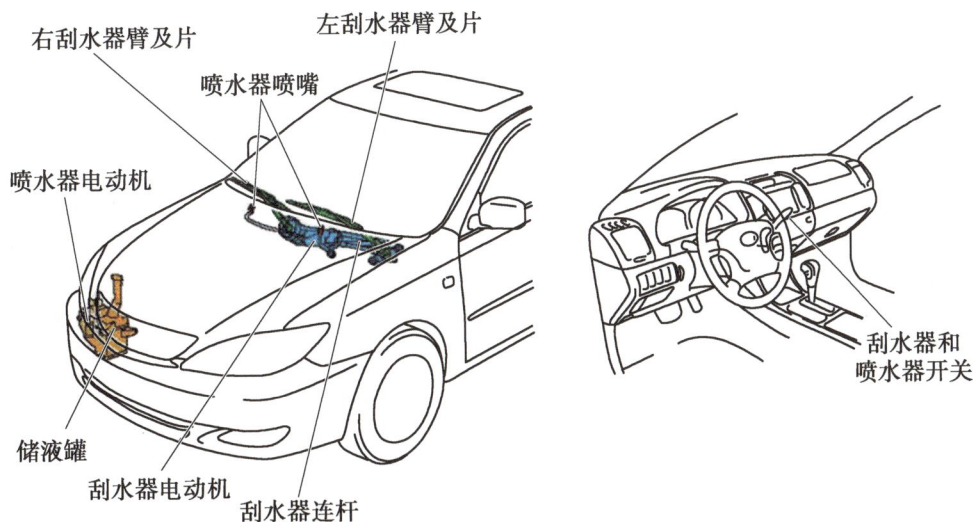

图 6-2　风窗玻璃刮水器的组成

风窗玻璃喷水器主要由喷洗器电动机、储液罐、喷嘴、连接软管和相关连接电路等组成。

一般两厢车型受汽车行驶时气流的影响，后风窗玻璃更容易脏，因此还安装有后刮水器，前、后刮水器的结构与原理基本相同。

二、汽车刮水器与喷水器的结构与工作原理

1. 汽车刮水器的结构与工作原理

（1）刮水臂及片　刮水臂及片分左、右两个，一般一个稍长，一个稍短一些，安装时左右不能混装。刮水器片与风窗玻璃接触处有一条橡胶叶片，靠背板支撑在刮水器片内。刮水器片铰接在刮水臂上，通过弹簧使刮水器片紧紧贴在风窗玻璃上，当打开刮水器开关时，刮水器电动机会通过传动机构带动刮水臂左右摆动，刮水器片就会在风窗玻璃上清扫雨水及杂物，如图6-3所示。

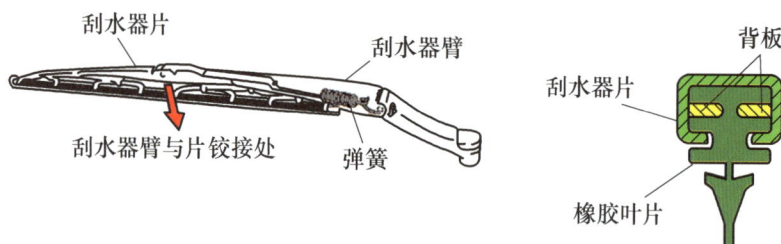

图 6-3　刮水臂及片的结构

（2）刮水器连杆　刮水器连杆的作用是连接刮水器电动机和左、右刮水臂，并把刮水器电动机的旋转运动改变为左、右刮水臂的摇摆运动，如图6-4所示。

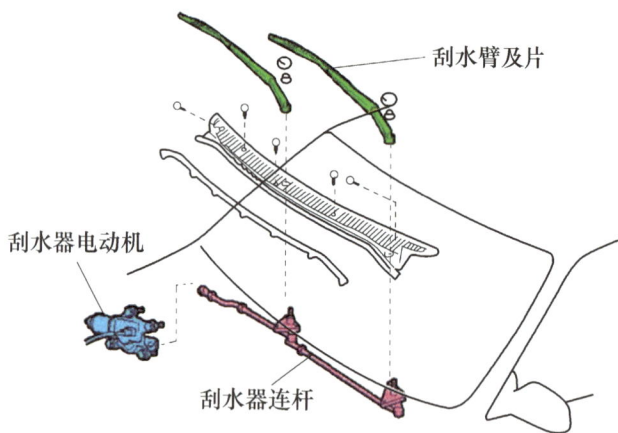

图 6-4　刮水器连杆

（3）刮水器控制开关　刮水器控制开关安装在组合开关右侧的操作杆上，如图6-5所示。前后推拉操作杆为刮水器开关，一般有3~4个档位；向上抬起操作杆为喷洗器开关；操作杆中间位置还有一个当刮水器开关位于间歇档时，可用于调节刮水器间歇时间的开关。具体各档位的作用和操作如下：

1）OFF档。即停止档，无论刮水器片运行到何处

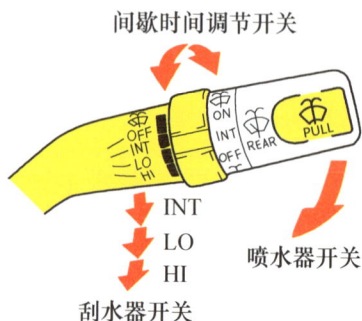

图 6-5　刮水器控制开关

位置，当从别的档位回到 OFF 档时，电动机都会利用刮水器电动机蜗轮上的导电盘缺口，使刮水器片始终停留在固定位置（风窗玻璃最低的位置）。

2）INT 档。即间歇档，操作杆向后拨动一格，其利用间歇继电器完成隔几秒刮一下，再隔几秒刮一下的动作，此档可用于下绵绵细雨时使用，在此档位时，还可以通过间歇时间调节开关，调节刮水器间歇工作时间的长短。

3）LO 档。即低速档，操作杆向后拨动两格，此时刮水器电动机的低速线圈通电，电动机低速旋转，用于下雨较小时。

4）HI 档。即高速档，操作杆向后拨动 3 格，此时刮水器电动机的高速线圈通电，电动机高速旋转，用于下雨较大时。

5）喷水档。在停止状态时，操作杆向上抬起，此时喷水器电动机运转，喷出洗涤液的同时刮水器电动机低速旋转，当放开操作杆时，操作杆回位，喷洗器停止喷水，刮水器电动机停到固定位置。

（4）刮水器电动机

1）作用与结构。刮水器电动机将电能转化为机械能，通过连杆驱动刮水器臂摆动，同时还要保证刮水器臂每次都停止在最低位置。它内部主要由永磁式双速直流电动机、蜗轮蜗杆式减速器和自动复位器等组成，如图 6-6 所示。

图 6-6　刮水器电动机

2）变速工作原理。永磁式双速直流电动机是通过改变电刷间的导体数目，从而改变电动机的转速来实现变速的，如图 6-7 所示，它采用三电刷结构，B_1 为低速运转电刷，B_2 为高速运转电刷，B_3 为公共电刷。

当电动机工作时，在电枢线圈内同时产生与电枢电流方向相反的反电动势（如图中箭头所指方向），其大小与转速成正比。只有当反电动势等于外加电压时，电枢的转速才趋于稳定。

① 低速运转：当开关 K 拨向 LO（低速档）时，如图 6-7a 所示。电源电压加在 B_1 和 B_3 电刷之间。在电刷 B_1 和 B_3 之间有两条并联的电枢绕组支路，一条是由绕组 1、2、3、4 串联的支路；另一条是由绕组 5、6、7、8 串联的支路。每条支路中串联的有效线圈各 4 个，串联线圈数相对较多，故反电动势较大，电动机以较低转速运转。

② 高速运转：当开关 K 拨向 HZ（高速档）时，如图 6-7b 所示。电源电压加在 B_2 与 B_3 电刷之间。在电刷 B_2 和 B_3 之间有两条并联的电枢绕组支路，一条是由绕组 1、2、3、4、8 串联的支路；另一条是由绕组 5、6、7 串联的支路。由于绕组 8 和绕组 4 的绕线方向相反，而流经其中的电流方向相同，故绕组 8 产生的反电动势与 4 产生的反电动势互相抵消，只有 3 个绕组的反电动势与电源电压平衡，故反电动势较小，电动机以较高转速运转。

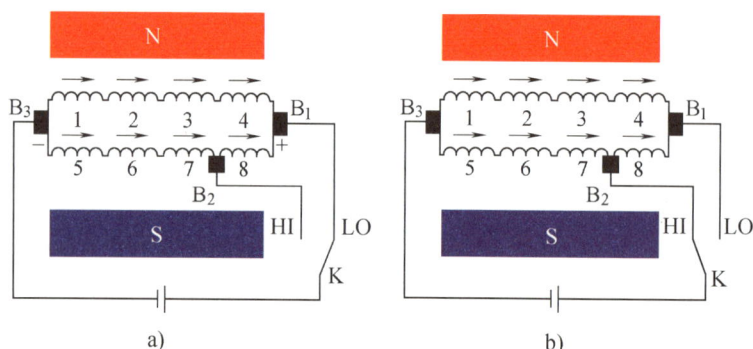

图 6-7　永磁式双速直流电动机的变速原理

a）低速旋转　b）高速旋转

3）刮水器的自动复位。刮水器的自动复位是指在任何时刻关闭刮水器控制开关时，刮水片都能自动停止在风窗玻璃的最低位置而不影响驾驶人的视线。如图 6-8 所示，在直流电动机减速机构的蜗轮上嵌有铜环，此铜环分两个部分，其中面积较大的一片与电动机外壳连接（搭铁）。

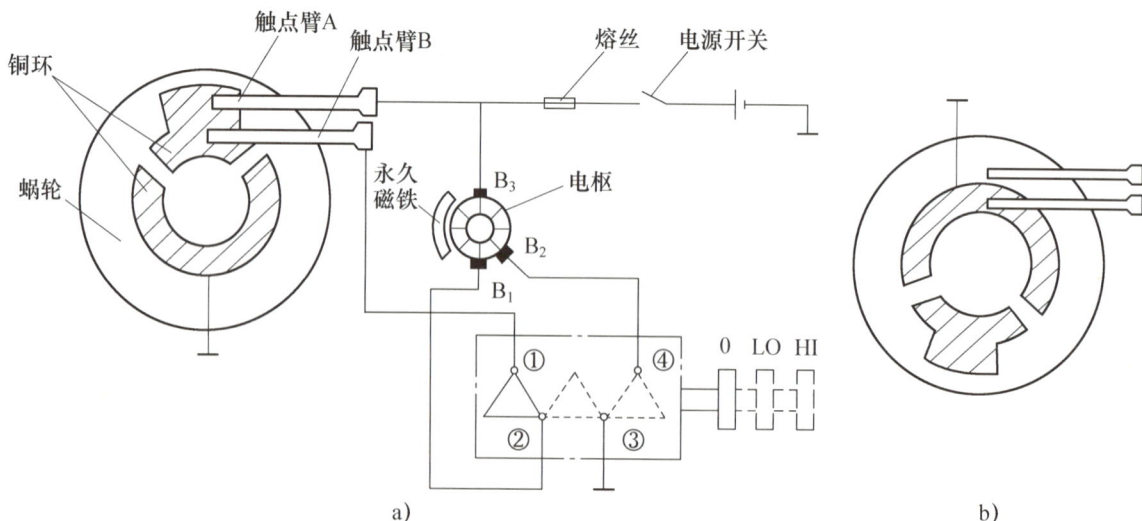

图 6-8　刮水器自动复位

当把刮水器开关退到 0 位时（关闭位置），如果刮水片此时还没有停止到规定位置，由于触点臂 B 与铜环相接触，如图 6-8b 所示，则电流继续流入电枢，此时电动机仍将运转，电路如下：蓄电池正极→熔丝→电刷 B_3→电枢绕组→电刷 B_1→刮水器开关 0 档→触点臂 B →铜环→搭铁→蓄电池负极，此时刮水器以低速运转直至蜗轮旋转到特定位置，电路中断。

2. 汽车喷洗器的结构与工作原理

喷洗器由储液罐、电动洗涤泵、软管、三通接头和喷嘴等组成，如图 6-9 所示。储液罐由塑料制成，容量一般 1.2L 左右。洗涤液一般由水或水与适量的添加剂组成，添加剂有利于清洁和降低冰点。

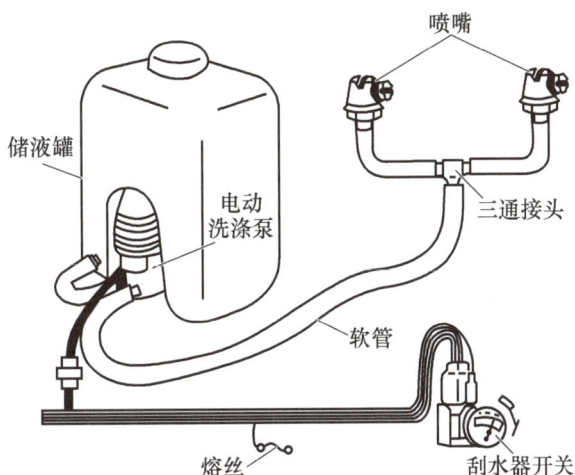

图 6-9　风窗洗涤器的结构

电动洗涤泵由一只小型永磁直流电动机和离心泵组成，安装于储液罐上，其输出压力一般为 68.6kPa。

汽车洗涤喷嘴分为圆形、方形和扁形 3 种。喷嘴一般安装在发动机舱盖上，喷头是一个球体，使用大头针插入内孔，稍稍用力即可调整其朝向，使洗涤液喷射到目标面积。喷嘴堵塞时，可用细钢丝加以疏通。

三、典型车型刮水器与喷洗器控制电路分析

1. 丰田车型刮水器与喷洗器电路分析

图 6-10 为丰田部分车型电动刮水器和喷洗器的电路图，当点火开关处于 IG 时，电源通过刮水器开关，控制刮水器电动机和喷洗器电动机的动作。Tip 位为点动档（操作一下刮拭一次）；0 位为关闭位置；I 位为间歇档；1 位为低速档；2 位为高速档；Wa 为喷洗档。

（1）当刮水器开关打在 1 位时（低速档）　刮水器开关的 53a 端子和 53 端子导

通，经过熔丝后的蓄电池电压→刮水器开关53a端子→刮水器开关→刮水器开关53端子→刮水器电动机低速电刷→电枢绕组→公共电刷→搭铁。此时刮水器电动机低速运转。

　　（2）当刮水器开关打在2位时（高速档）　刮水器开关的53a端子和53b端子导通，经过熔丝后的蓄电池电压→刮水器开关53a端子→刮水器开关→刮水器开关53b端子→刮水器电动机高速电刷→电枢绕组→公共电刷→搭铁。此时刮水器电动机高速运转。

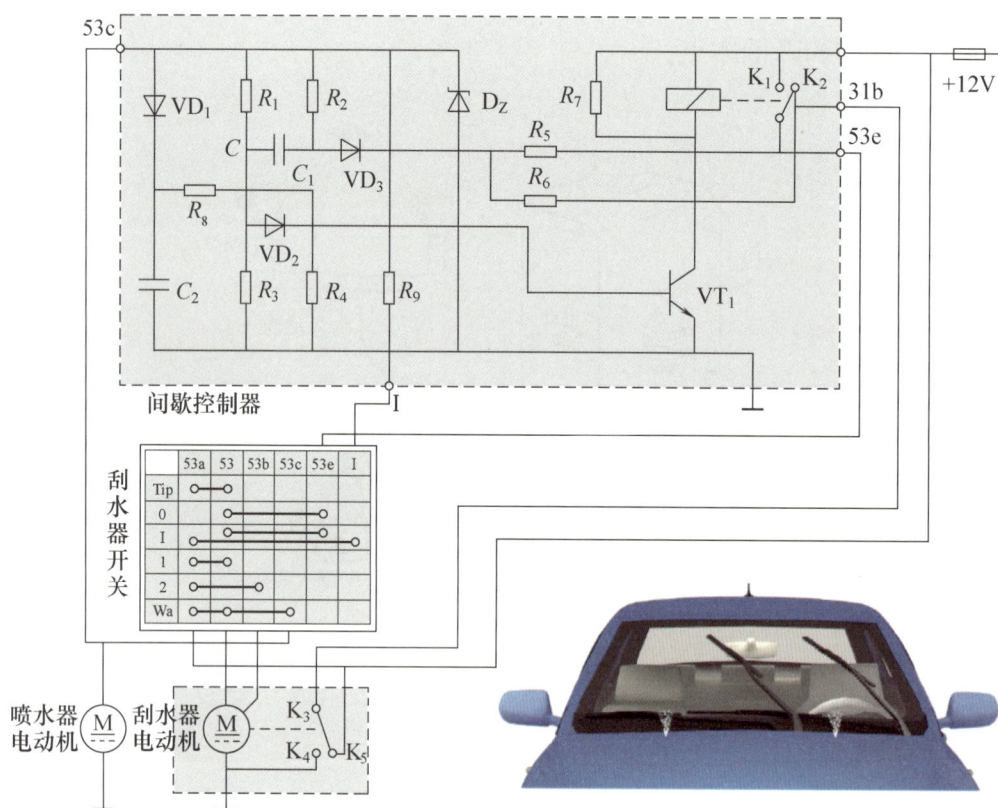

图 6-10　电动刮水器与喷洗器电路图

　　（3）当刮水器开关打在 I 位时（间歇档）　刮水器开关的53a端子和 I 端子导通，53端子与53e端子导通，间歇控制器内部线圈得电，其常开触点 K_1 闭合，常闭触点 K_2 断开。经过熔丝后的蓄电池电压→间歇控制器 K_1→间歇控制器的53e端子→刮水器开关的53e端子→刮水器开关→刮水器开关53端子→刮水器电动机低速电刷→电枢绕组→公共电刷→搭铁。此时刮水器电动机低速运转，几秒钟后，刮水器继电器线圈失电，其常开触点 K_1 断开，常闭触点 K_2 闭合，刮水器电动机停止运行，等待下一个循环的开始。

　　如果此时刮水器片还未回到最低位置，刮水器电动机内的自动复位机构 K_3 与 K_5 连通，此时，经过熔丝后的蓄电池电压→刮水器电动机 K_5→K_3→间歇控制器31b→

间歇控制器 K_2 →间歇控制器 53e 端子→刮水器开关 53e 端子→刮水器开关→刮水器开关 53 端子→刮水器电动机低速电刷→电枢绕组→公共电刷→搭铁。此时刮水器电动机低速运转到停止位置后，刮水器电动机内的自动复位机构 K_5 与 K_3 断开，刮水器电动机停止工作。等待间歇起动下一个循环的开始。

（4）当刮水器开关打在 Wa 位时（喷洗器喷水档）　刮水器开关的 53a 端子、53 端子和 53c 端子导通，53c 端子向喷洗器电动机供电，使电动机旋转建立水压喷水；53 端子向刮水器电动机低速电刷供电，刮水器低速运转。

（5）当刮水器开关 0 位（关闭位置）时　当驾驶人关闭刮水器开关时如果刮水器片还没有回到最低位置，些时刮水器电动机内的自动复位机构 K_5 与 K_3 触点还处于接通状态，经过熔丝后的蓄电池电压→复位机构 K_5 触点→复位机构 K_3 触点→间歇控制器 31b →间歇控制器 K_2 →间歇控制器 53e 端子→刮水器开关 53e 端子→刮水器开关→刮水器开关 53 端子→刮水器电动机低速电刷→电枢绕组→公共电刷→搭铁，刮水器电动机继续低速运转到最低位置，直到自动复位机构 K_5 与 K_3 触点断开，此时 K_4 与 K_3 触点接通，使刮水器电动机快速停止运转。

2. 丰田车型刮水器电路图（开关与间歇器一体式）

该车型刮水器电路的结构特点是将间歇控制器与刮水器开关制成一体，具体电路如图 6-11 所示。

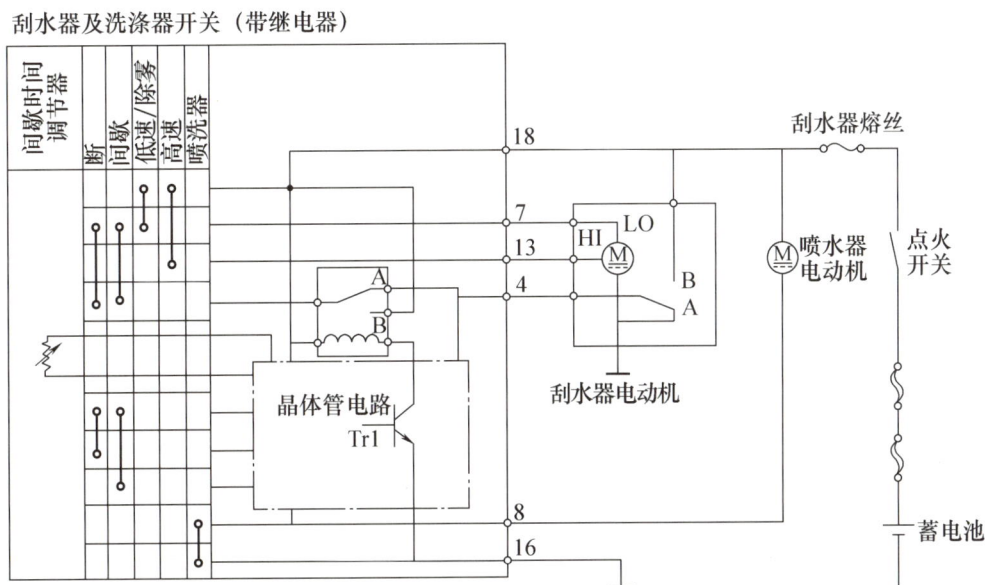

图 6-11　丰田车型刮水器电路图

3. 上海通用凯越轿车刮水器电路图

该车型刮水器电路的结构特点是将间歇控制器与刮水器电动机制成一体，具体电路如图 6-12 所示。

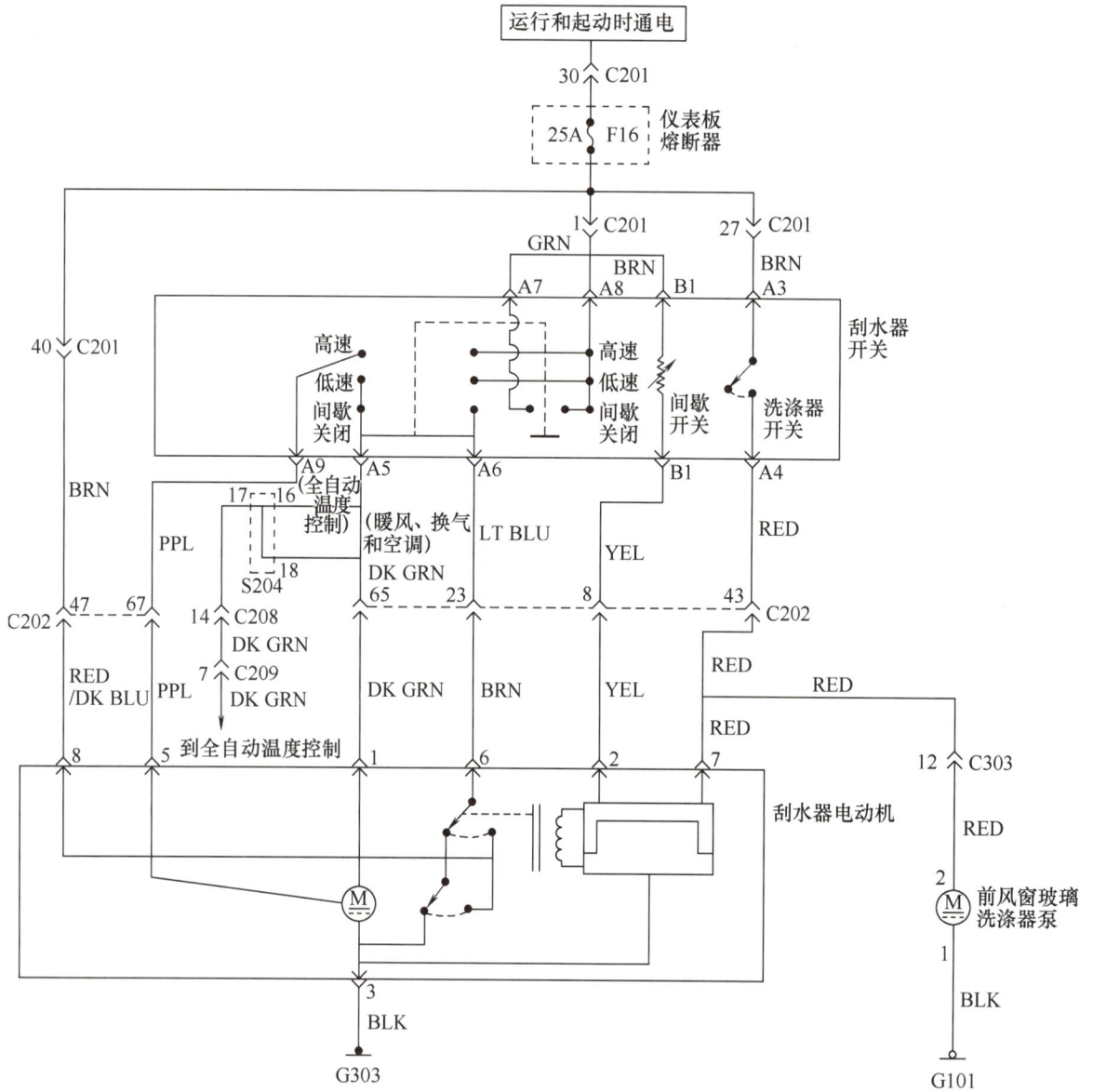

图 6-12　凯越轿车刮水器电路图

检修刮水器	学习任务单	班级： 姓名：

1. 当汽车在雨、雪天气行驶时，为了确保行车安全，保证驾驶人有良好的视线，要利用_____刮除风窗玻璃上的雨水、雪或尘土等。

2. 标注下图中直线所指部件的名称：

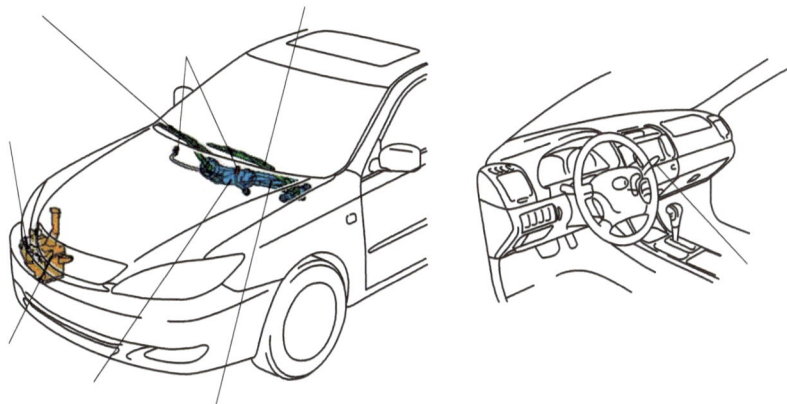

3. 刮水臂及片铰接在一起，分左、右两个，一般一个稍长，一个稍短一些，安装时左右不能混装。刮水器片与风窗玻璃接触处有一条_____，靠背板支撑在刮水器片内。

4. 刮水器连杆的作用是连接_____和左、右刮水臂，并把刮水器电动机的旋转运动改变为左、右刮水臂的_____运动。

5. 刮水器开关一般有3~4个档位，分别为_____、_____、_____和_____档；向上抬起操作杆为喷洗器开关。

6. 刮水器电动机将电能转化为机械能，通过刮水器连杆驱动刮水臂摆动。它内部主要由永磁式双速直流电动机、蜗轮蜗杆式减速器和_____等组成。

7. 刮水器电动机为了形成两种运转速度，采用_____电刷结构，分别为_____运转电刷，_____运转电刷和公共电刷。

8. 喷洗器由储液罐、_____、软管、三通接头和_____等组成。

9. 用不同颜色的笔在下面电路图中分别标注低速档、高速档时，电流流经的路径和方向。

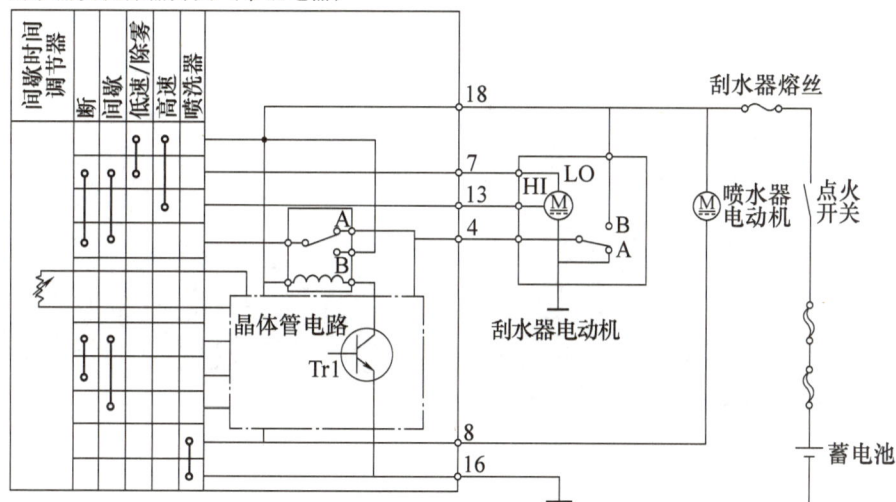

刮水器的拆卸

刮水器的安装

任务实施

实训器材

整车或电气实训台架、万用表、常用维修工具和维修手册等。

作业准备

1）车辆在工位停放周正。

2）铺好车内和车外护套。

操作步骤

一、刮水器与喷水器的检查

1. 喷水器液位的检查

1）打开喷水器储液罐盖，拔出液位尺，检查喷水器液位是否在正常刻度内，如液位过低，需要添加调配好的洗涤液，如图6-13所示。

2）按纯净水与洗涤液3∶1的比例配制洗涤液。

3）添加调配好的洗涤液到最高液位处，盖好储液罐盖。

4）关闭发动机舱盖。

5）打开点火开关并起动发动机。

6）向上抬起刮水器操纵杆，使喷水器电动机工作。

7）检查喷水器左、右喷嘴是否有水喷出，且喷出的水应落在风窗玻璃左、右的中间位置，刮水器此时也自动刮拭，如图6-14所示。

> **情智知识**
>
> 一丝不苟地做好每个细节。
>
> 我们以工匠心做事就必须改变心浮气躁、浅尝辄止的毛病，提倡注重细节，把小事做好。纵观那些优秀工匠的行事风格，会发现他们都有这样一种特质，就是从不忽视工作中的每个细节。细节的实质是什么？从正面说，细节是因长期的准备而发现的机遇；同时细节还是敬业、是专业、是态度。从负面说，细节是一个隐藏的幽灵，往往在我们不注意的时候向我们扑来，让我们功亏一篑。人要想成就一番大事业，必须从简单的事情做起，从细微之处入手。

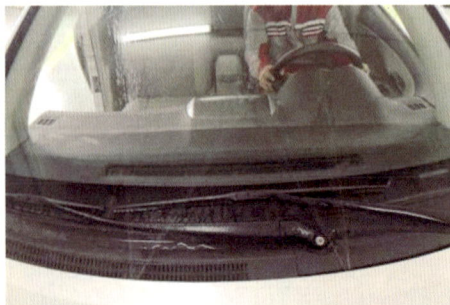

图 6-13　检查喷水器液位　　　　图 6-14　检查喷水器

8) 如喷嘴喷出的水无力, 检查喷水管路和喷嘴是否破裂或堵塞。

9) 如喷嘴喷出水的位置偏低或偏高, 可用大头针插入喷孔内, 稍稍用力即可调整其朝向, 使洗涤液喷射到目标面积。喷嘴堵塞时, 可用细钢丝加以疏通。

2. 刮水器的检查

1) 起动发动机。

2) 向上抬起刮水器操纵杆, 使喷水器工作, 此时刮水器应联动工作。同时, 在风窗玻璃上喷洒洗涤液, 防止干刮造成风窗玻璃损坏。

3) 操作刮水器开关到间歇档位置, 检查刮水器间歇工作是否正常。

4) 操作刮水器开关到低速档位置, 检查刮水器低速工作是否正常, 如图 6-15 所示。

5) 操作刮水器开关到高速档位置, 检查刮水器高速工作是否正常。

6) 再打开喷洗器开关, 一边喷水, 一边检查刮水器片刮拭风窗玻璃是否干净, 如刮拭不干净, 则应更换刮水器片。

7) 关闭刮水器开关, 检查刮水器臂是否自动停止到最低位置。

图 6-15 检查刮水器低速档工作

二、刮水器各个档位都不工作的故障诊断与排除

1. 检查熔丝

(1) 熔丝的拆卸 刮水器的熔丝一般安装在仪表台的熔丝与继电器盒内, 在该盒内找到刮水器的熔丝, 使用熔丝夹将该熔丝取下。

(2) 目视检查 目测该熔丝是否烧断, 如果烧断需更换新的熔丝; 还要观察熔丝外部和端子处是否有烧灼现象, 如有烧灼现象, 则说明该处可能存在接触不良的故障。

(3) 电阻测量 如目视无法确定熔丝的好坏, 可用万用表的 Ω 档测量熔丝两端子之间的电阻, 正常情况下应小于 1Ω, 如图 6-16 所示, 否则更换新的熔丝。

2. 检查刮水器电动机

(1) 刮水器电动机的拆卸

1) 用头部缠好胶带的一字螺钉旋具拆下左、右刮水臂的端盖。

2) 选用合适套筒与棘轮扳手, 拆下左、右刮水臂的锁止螺母, 然后拆下左、右刮水臂

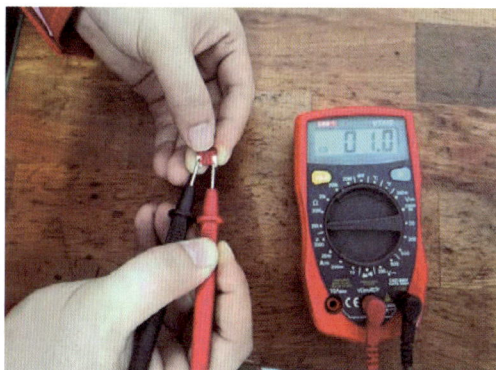

图 6-16 电阻测量

和片总成，如图6-17所示。

　　3）拆下发动机舱盖与防火墙的密封胶条。

　　4）拆下风窗玻璃下方刮水器的装饰板，如图6-18所示。

图6-17　拆下刮水器臂和片总成

图6-18　拆下装饰板

　　5）断开刮水器电动机的线束插接器。

　　6）选用合适套筒与棘轮扳手，拆下刮水器电动机和传动机构的固定螺栓。

　　7）取出刮水器电动机和传动机构总成，如图6-19所示。

图6-19　取出刮水器电动机和传动机构总成

　　（2）刮水器电动机的检查　实际维修过程中，无须分解检查，可通过施加电压的方法检查刮水器电动机是否正常。一般车型刮水器电动机插接器上有5个端子，分别为低速电刷端子、高速电刷端子、公共电刷端子（一般与外壳相连）、自动复位机构正极和自动复位机构输出端子。在施加电压之前先要分辨各端子。

　　1）检查低速是否正常。将蓄电池正极引线连接至低速电刷端子，负极连接至公共电刷端子或外壳，检查并确认电动机低速运行；否则说明电动机损坏，需更换。

　　2）检查高速是否正常。将蓄电池正极引线连接至高速电刷端子，负极连接至公共电刷端子或外壳，检查并确认电动机高速运行；否则说明电动机损坏，需更换。

　　3）检查自动复位是否正常。将蓄电池正极引线连接至自动复位机构正极端子，再用引线将自动复位机构输出端子与低速电刷端子相连，负极连接至公共电刷端子或外壳，检查并确认电动机运转一下后能在自动停止位置停止；否则说明电动机自动复位机构损坏，需更换电动机总成。

　　3. 检查刮水器开关

　　（1）刮水器开关（组合开关）的拆卸

　　1）转动转向盘使前轮对准直行位置。

2）断开蓄电池的负极电缆。

3）拆卸转向盘的装饰盖。

4）使用头部缠有保护性胶带的一字螺钉旋具，松开安全气囊插接器的锁扣，并断开安全气囊插接器和喇叭插接器。

5）握紧转向盘，选用合适工具松开转向盘总成的固定螺母。

6）在转向盘总成和转向轴上做好装配标记，然后稍用力晃下转向盘。

7）断开螺旋电缆下部的插接器，并拆下螺旋电缆。

8）断开灯光开关的插接器，再用鲤鱼钳夹紧组合开关固定卡箍，使其松开；然后取下组合开关。

安装顺序按与拆卸顺序相反进行，但在安装螺旋电缆时应注意先将电缆位置对中后再安装，防止电缆折断。

（2）刮水器开关的检测　对应刮水器开关的位置图，测量刮水器开关在不同档位时是否能够接通或断开，否则说明开关内部损坏，需更换新的开关总成。

4. 检查连接线路

（1）检查线路连接情况　用手振动或晃动连接刮水器电动机与刮水器开关的线路，检查线路连接处是否松动，导线是否从端子中脱开，如果有，则需重新连接好；必要时换用新的配线。

（2）测量线路的接通情况　对应电路图，测量连接导线的两个端子阻值是否小于 1Ω；再测量其中一个端子与搭铁阻值是否为 ∞；否则说明该线路存在断路或短路故障。

三、某个档位不工作的故障诊断与排除

首先打开点火开关检查不工作的档位，主要可能有低速档不工作、高速档不工作或间歇档不工作。

1. 低速档不工作的故障诊断与排除

1）拆下左、右刮水臂和片总成，然后再拆下风窗玻璃下方刮水器电动机装饰盖。

2）拔下刮水器电动机线束插接器。

3）确定刮水器电动机线束插接器上的低速电刷端子。

4）将点火开关置于 ON 位，用试灯测量该端子在刮水器开关打到 LO（低速档）时，试灯是否点亮；如点亮，说明刮水器电动机损坏，需更换刮水器电动机；如不亮，进入下一步检查。

5）拆下刮水器开关，用万用表测量开关在 LO 时相关端子是否导通，如不通，说明刮水器开关损坏；如导通正常，说明低速档电路存在故障。

2. 高速档不工作的故障诊断与排除

1）拆下左、右刮水臂和片总成，然后再拆下风窗玻璃下方刮水器电动机装饰盖。

2）拔下刮水器电动机线束插接器。

3）确定刮水器电动机线束插接器上的高速电刷端子。

4）将点火开关置于 ON 位，用试灯测量该端子在刮水器开关打到 HI（高速档）时，试灯是否点亮；如点亮，说明刮水器电动机损坏，需更换刮水器电动机；如不亮，进入下一步检查。

5）拆下刮水器开关，用万用表测量开关在 HI 档时相关端子是否导通，如不通，说明刮水器开关损坏；如导通正常，说明高速档电路存在故障。

3. 间歇档不工作的故障诊断与排除

如果在验证故障现象时，其他档位都工作正常却只有间歇档不工作，一般是由于间歇控制器损坏造成的，可更换一个新的间歇控制器再检查间歇档工作是否正常。

检修刮水器	工作任务单	班级： 姓名：

1. 车辆信息的记录

品牌		整车型号		生产年月	
发动机型号		发动机排量		行驶里程	
车辆识别代号					

2. 刮水器与喷水器的检查

检查项目	记录	判定	检查项目	记录	判定
喷水器液位		异常□　正常□	刮水器低速档		异常□　正常□
喷水器工作		异常□　正常□	刮水器高速档		异常□　正常□
刮水器联动功能		异常□　正常□	刮水器片刮拭状况		异常□　正常□
刮水器间歇档		异常□　正常□	刮水器复位功能		异常□　正常□

3. 喷水器的故障诊断与排除

故障现象	
故障范围	
检测流程	
故障点确认	
维修措施	维修□　调整□　更换□

4. 查阅维修手册

序号	部件名称	章节及页码	规格（米制）
1		第　　章　　页	
2		第　　章　　页	
3		第　　章　　页	

检修刮水器			实习日期：			
姓名：	班级：		学号：		导师签名：	
自评：□熟练 □不熟练	互评：□熟练 □不熟练		师评：□合格 □不合格			
日期：	日期：		日期：			

检修刮水器【评分细则】

序号	评分项	得分条件	分值	评分要求	自评	互评	师评
1	安全 /7S/ 态度	□1. 能进行工位 7S 操作 □2. 能进行设备和工具安全检查 □3. 能进行车辆安全防护操作 □4. 能进行工具清洁、校准、存放操作 □5. 能进行三不落地操作	15	未完成 1 项扣 3 分，扣分不得超过 15 分	□熟练 □不熟练	□熟练 □不熟练	□合格 □不合格
2	专业技能能力	作业 1 □1. 能正确地检查喷水器液位 □2. 能正确地检查喷水器工作情况 □3. 能正确地检查喷水时刮水器联动功能 □4. 能正确地检查刮水器间歇档位 □5. 能正确地检查刮水器低速档位 □6. 能正确地检查刮水器高速档位 □7. 能正确地检查刮水器片刮拭状况 □8. 能正确地检查刮水器自动复位功能 作业 2 □1. 能正确地判断故障现象 □2. 能正确地判断故障范围 □3. 能正确地规范检测流程 □4. 能正确地分析检测出故障点 □5. 能正确地分析故障点并判定维修措施	50	未完成 1 项扣 3 分	□熟练 □不熟练	□熟练 □不熟练	□合格 □不合格
3	工具及设备的使用能力	□1. 能正确地使用维修工具 □2. 能正确地使用万用表	10	未完成 1 项扣 3 分	□熟练 □不熟练	□熟练 □不熟练	□合格 □不合格
4	资料、信息查询能力	□1. 能正确地使用维修手册并查询资料 □2. 能正确地记录查询资料的章节及页码 □3. 能正确地记录所需维修信息	10	未完成 1 项扣 3 分	□熟练 □不熟练	□熟练 □不熟练	□合格 □不合格
5	数据判断和分析能力	□1. 能判断喷水液位是否正常 □2. 能判断喷水器工作是否正常 □3. 能判断刮水器各档位工作是否正常 □4. 能分析判断故障点	10	未完成 1 项扣 3 分，扣分不得超过 10 分	□熟练 □不熟练	□熟练 □不熟练	□合格 □不合格
6	表单填写报告的撰写能力	□1. 字迹清晰 □2. 语句通顺 □3. 无错别字 □4. 无涂改 □5. 无抄袭	5	未完成 1 项扣 1 分，扣分不得超过 5 分	□熟练 □不熟练	□熟练 □不熟练	□合格 □不合格

总分：

任务二

检修舒适系统

任务目标

知识目标

1）掌握电动车窗、电动后视镜、电动座椅和电动天窗的组成。

2）会分析电动车窗、电动后视镜、电动座椅和电动天窗电路图。

技能目标

1）能读取舒适系统各部件的故障码与数据流，并会测试各部件。

2）会清洁和保养舒适系统各部件。

3）会排除舒适系统简易电路故障。

素养目标

1）能在工作过程中与小组其他成员合作、交流，养成团队合作意识，锻炼沟通能力。

2）养成 7S 工作习惯。

3）养成服务从管理、规范作业的工作习惯。

任务描述

有一位丰田卡罗拉轿车车主将车辆开到维修站，反映右前车窗玻璃无法升降，需要维修。

相关知识

一、汽车电动车窗的作用及组成

1. 电动车窗的作用

为了方便驾驶人和乘客，减轻他们的劳动强度，许多轿车采用了电动车窗，又称自动车窗，利用电动机来驱动升降器使车窗玻璃上下移动，操作便利并有利于行车安全，如图 6-20 所示。

图 6-20 电动车窗的作用

2. 电动车窗的组成

电动车窗主要由车窗玻璃升降器、升降器电动机、开关（车窗总开关、锁止开关、车窗开关）等组成，如图 6-21 所示。

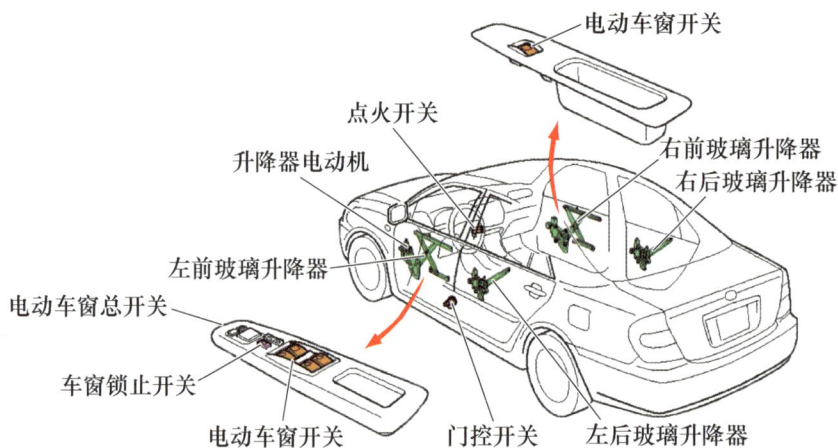

图 6-21　电动车窗的组成

（1）玻璃升降器　常用的玻璃升降器有齿扇式和钢丝滚筒式两种，如图 6-22 所示。

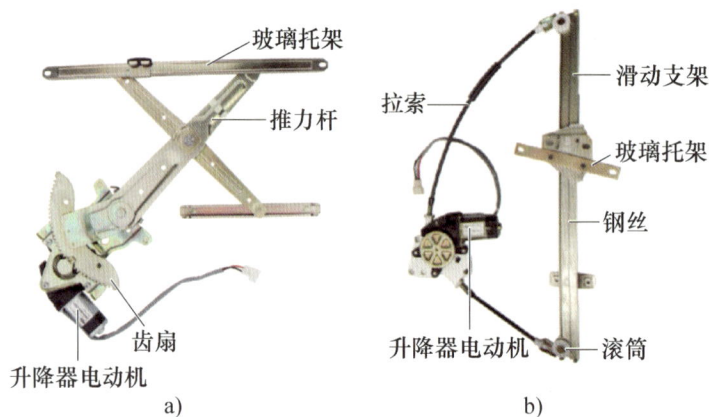

图 6-22　玻璃升降器

a）齿扇式　b）钢丝滚筒式

齿扇式玻璃升降器通过齿扇来实现换向作用。齿扇上安装有螺旋弹簧，当车窗上升时，螺旋弹簧伸展，释放弹性能量，以减轻电动机负荷；当车窗下降时，螺旋弹簧收缩，吸收能量，从而使车窗无论是上升还是下降，电动机的负荷基本相同。

钢丝滚筒式玻璃升降器在直流电动机前端安装有减速机构，其上安装一个绕有钢丝的滚筒，玻璃托架固定在钢丝上且可在滑动支架上移动。

（2）升降器电动机　电动车窗上采用的电动机有永磁式（见图 6-23）和双绕组

串励式两种，其中永磁式应用最广泛，通过改变电流的方向就可实现正向或反向旋转，即能完成玻璃的上升或下降功能。

图 6-23　永磁式车窗电动机

（3）控制开关　所有车窗系统都有两套控制开关：一套是总开关（见图 6-24a），安装在驾驶人侧车门扶手上或仪表板上，由驾驶人操纵；另一套为车窗开关（见图 6-24b），安装在乘客侧车窗中部，可由乘客操纵。总开关上还安装有控制车窗开关的锁止开关，如果断开它，所有乘客侧车窗开关就不起作用了。

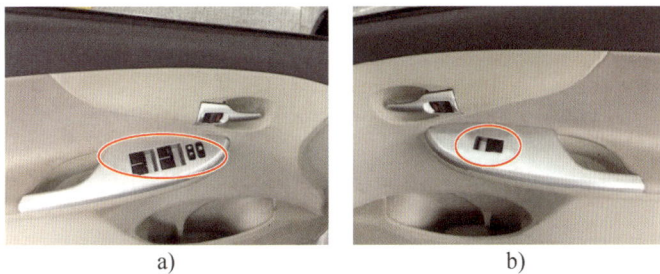

a)   b)

图 6-24　控制开关

a）总开关　b）车窗开关

3. 电动车窗的控制电路与工作原理（不带控制器）

图 6-25 为较常见的电动车窗控制系统电路图，它采用永磁式直流电动机驱动车窗玻璃的升降。

当点火开关处于 IG（运行档）位置时，电动车窗继电器线圈通电，继电器触点吸合，接通蓄电池电源至各车窗控制电动机的线路。位于驾驶人侧的总开关（主控开关）控制驾驶员侧车窗的动作，同时也能控制其他车窗的动作。其他车窗开关（分控开关）只能控制相应的车窗动作。

（1）驾驶人侧车窗的控制　驾驶人侧车窗的升降由驾驶侧车窗总开关控制电动机的正向和反向运转。

1）当驾驶人按下（下降）总开关内的驾驶人侧车窗开关时，总开关端子 3—1、2—11 接通。电流从蓄电池电源→电动车窗继电器触点→发动机熔丝盒 E19（20A）熔丝→总开关 3 号端子→下降触点→总开关 1 号端子→左前电动车窗电动机 2 号端

子→1 号端子→总开关 2 号端子→上升触点→总开关 11 号端子→搭铁。电动机控制回路接通，电动机正转工作，带动车窗玻璃升降器向下运动。

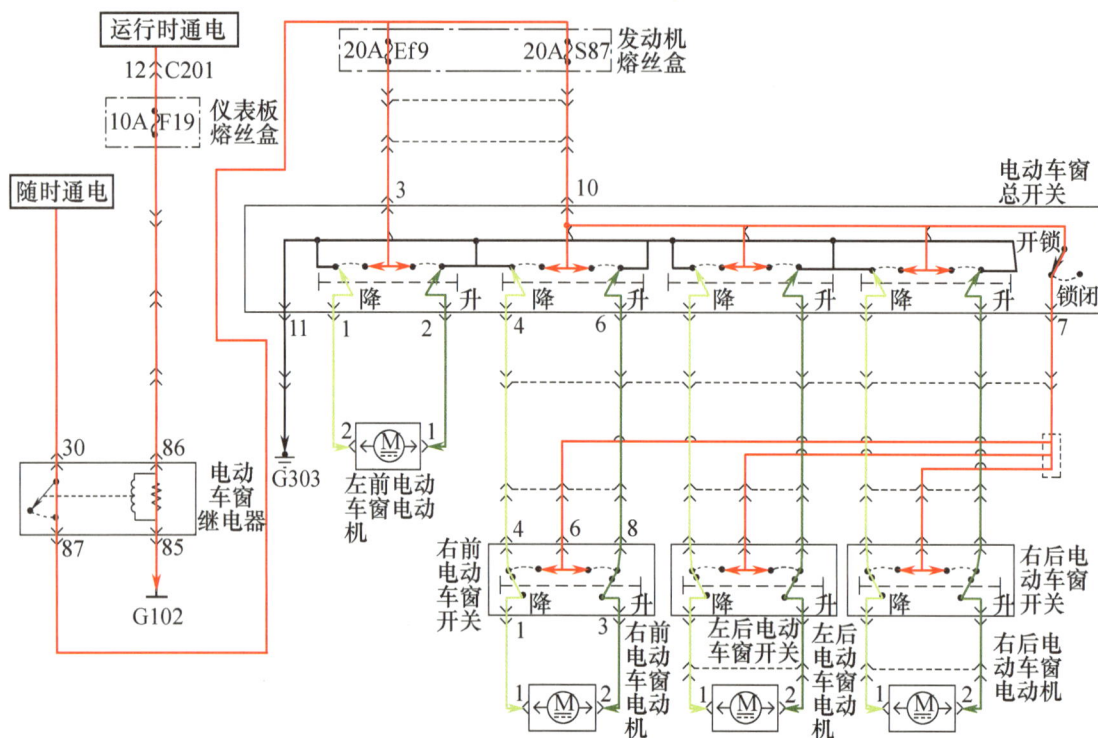

图 6-25　电动车窗控制系统电路图

2）当驾驶人提升（上升）总开关内的驾驶人侧车窗开关时，总开关端子 3—2、1—11 接通。电流从蓄电池电源→电动车窗继电器触点→发动机熔丝盒 E19（20A）熔丝→总开关 3 号端子→上升触点→总开关 2 号端子→左前电动车窗电动机 1 号端子→2 号端子→总开关 1 号端子→下降触点→总开关 11 号端子→搭铁。电动机控制回路接通，电动机反转工作，带动车窗玻璃升降器向上运动。

（2）乘客侧车窗的控制　三个乘客侧车窗的控制基本相同，现以前排乘客车窗控制为例，前排乘客车窗的控制方式可分为前排乘客开关控制和总开关控制。前排乘客开关控制的前提条件是总开关内的安全开关须闭合。

1）前排乘客车窗开关控制。

① 当乘客提升（上升）右前电动车窗开关时，右前电动车窗开关端子 6—3、4—1 接通。电流从蓄电池电源→电动车窗继电器触点→发动机熔丝盒 S87（20A）熔丝→总开关 10 号端子→安全开关触点→总开关 7 号端子→右前电动车窗开关 6 号端子→上升触点→右前电动车窗开关 3 号端子→右前电动车窗电动机 2 号端子→1 号端子→右前电动车窗开关 1 号端子→下降触点→右前电动车窗开关 4 号端子→总开关 4 号端子→下降触点→总开关 11 号端子→搭铁。电动机控制回路接通，电动机反

转工作，带动车窗玻璃升降器向上运动。

②当乘客按下（下降）右前电动车窗开关时，右前电动车窗开关端子 6—1、8—3 接通。电流从蓄电池电源→电动车窗继电器触点→发动机熔丝盒 S87（20A）熔丝→总开关 10 号端子→安全开关触点→总开关 7 号端子→右前电动车窗开关 6 号端子→下降触点→右前电动车窗开关 1 号端子→右前电动车窗电动机 1 号端子→2 号端子→右前电动车窗开关 3 号端子→上升触点→右前电动车窗开关 8 号端子→总开关 6 号端子→上升触点→总开关 11 号端子→搭铁。电动机控制回路接通，电动机正转工作，带动车窗玻璃升降器向下运动。

2）总开关控制。

①当驾驶人按下（下降）总开关内的右前电动车窗开关时，总开关端子 10—4、11—6 接通。电流从蓄电池电源→电动车窗继电器触点→发动机熔丝盒 S87（20A）熔丝→总开关 10 号端子→下降触点→总开关 4 号端子→右前电动车窗开关 4 号端子→下降触点→右前电动车窗开关 1 号端子→右前电动车窗电动机 1 号端子→2 号端子→右前电动车窗开关 3 号端子→上升触点→右前电动车窗开关 8 号端子→总开关 6 号端子→上升触点→主控开关 11 号端子→搭铁。电动机控制回路接通，电动机正转工作，带动车窗玻璃升降器向下运动。

②当驾驶人提升（上升）总开关内的右前电动车窗开关时，总开关端子 10—6、11—4 接通。电流从蓄电池电源→电动车窗继电器触点→发动机熔丝盒 S87（20A）熔丝→主控开关 10 号端子→上升触点→总开关 6 号端子→右前电动车窗开关 8 号端子→上升触点→右前电动车窗开关 3 号端子→右前电动车窗电动机 2 号端子→1 号端子→右前电动车窗开关 1 号端子→下降触点→右前电动车窗开关 4 号端子→总开关 4 号端子→下降触点→总开关 11 号端子→搭铁。电动机控制回路接通，电动机反转工作，带动车窗玻璃升降器向上运动。

4. 电动车窗控制电路与工作原理（带控制器）

图 6-26 所示为通用威朗轿车左后门和右后门电动车窗控制电路图，该车型车窗控制电路的特点是每个乘客侧车窗开关都是一个控制器，它们通过数据线与车身控制模块（K9）通信，车窗总开关也通过数据线与 K9 通信，车窗总开关通过数据线和 K9 可以控制每个车窗玻璃的升降。

二、电动后视镜

1. 电动后视镜的组成

汽车电动后视镜一般由镜片、电动机、控制电路及开关（操纵开关和选择开关）等组成，如图 6-27 所示。

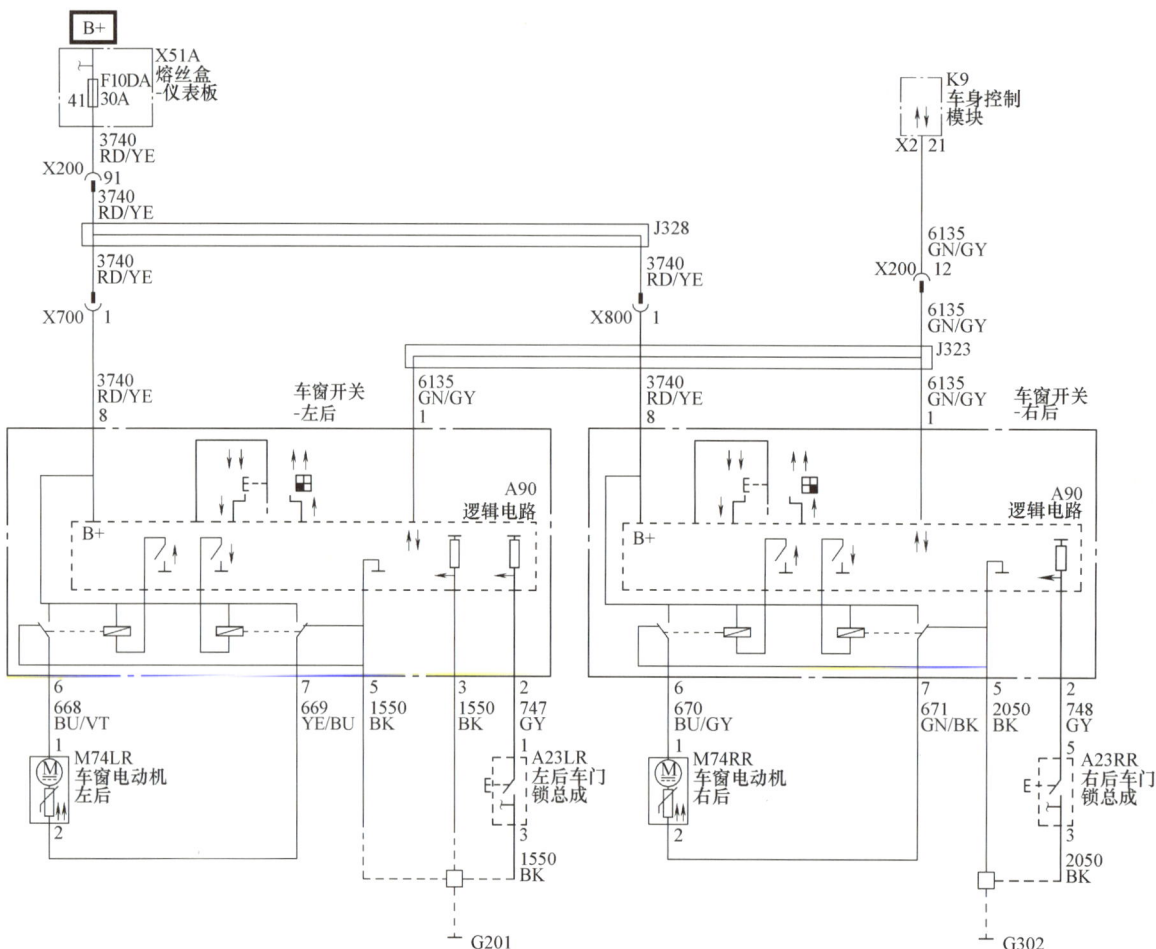

图 6-26　通用威朗轿车后车窗控制电路图

在后视镜镜片的背后有两个可逆电动机，可操纵其上下及左右运动。通常上下方向由一个永磁电动机控制，左右方向由另一个永磁电动机控制。当选择开关按到 L 时，可以调整左侧后视镜上下和左右倾斜；当选择开关按到 R 时，可以调整右侧后视镜上下和左右倾斜。

2. 电动后视镜控制电路

图 6-28 为较常见车型的电动后视镜控制电路。

当驾驶人将选择开关按向 L（左）时，选择需要调整左侧后视镜的角度，如驾驶人再按下操纵开关的左按钮时，此时电流从电动后镜开关的 8 号端子流入，经操纵开关左触点到选择开关左触点，后从 5 号端子流出，到达左后视镜电动机（左侧），再流入电动后镜开关 6 号端子，经操纵开关左/上触点后搭铁。如驾驶人再按下操纵开关的右按钮时，此时电流从电动后视镜开关的 8 号端子流入，经操纵开关右/下触点从 6 号端子流出，到达左后视镜电动机（左侧），再流入电动后视镜开关 5 号端子，经选择开关左触点到操纵开关右触点后搭铁。

后视镜的拆卸

后视镜的安装

电动后视镜
工作过程

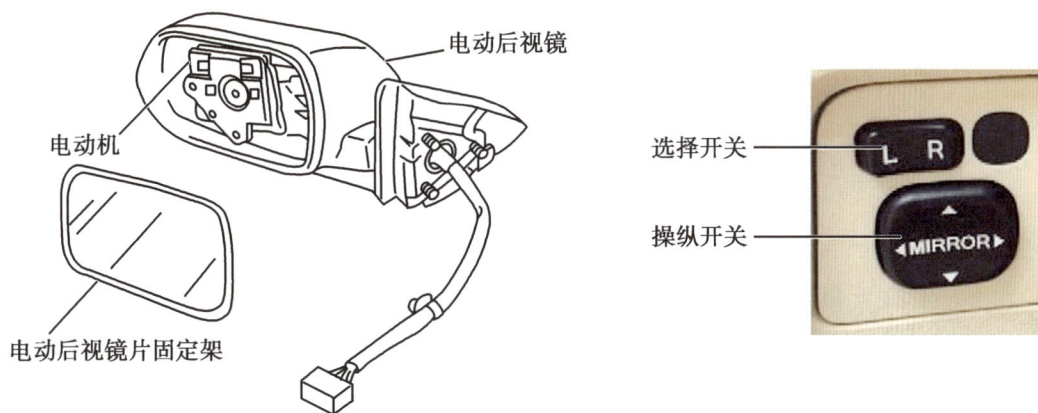

图 6-27　电动后视镜的组成

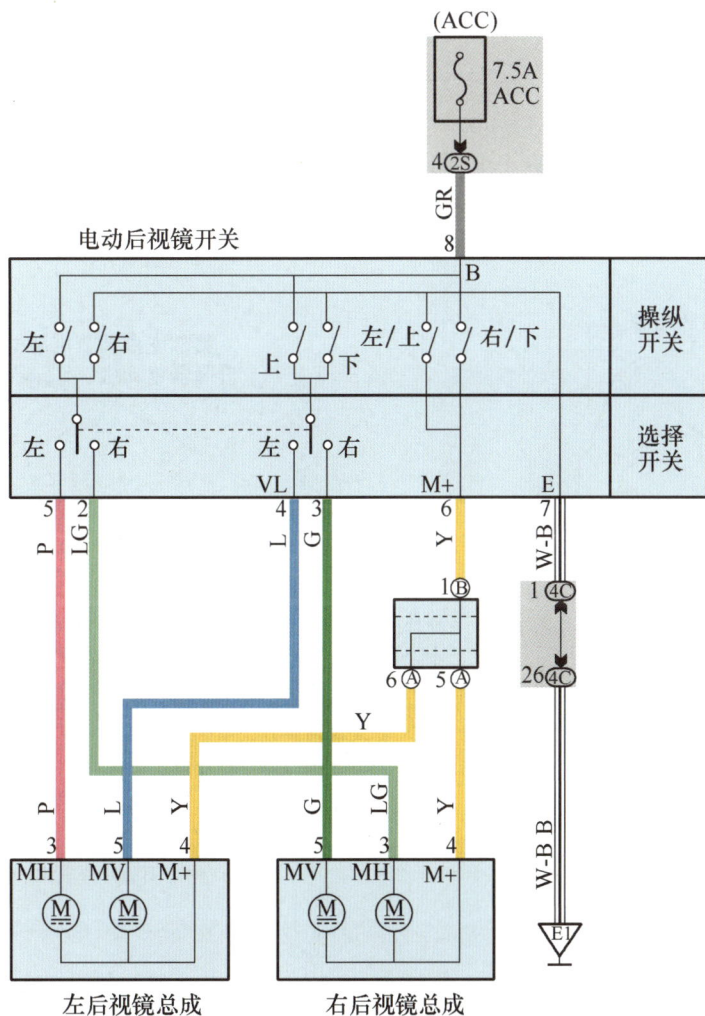

图 6-28　电动后视镜控制电路

三、电动座椅

现代中高级轿车的座椅多是电动可调的，又称电动座椅。人们对轿车舒适性的评

价多是通过座椅感受的，所以轿车上配备的电动座椅必须要满足便利性和舒适性两大要求，即驾驶人通过操纵键，不仅能使驾驶人获得最好的视野，便于操纵方向盘、踏板、变速杆等，还可以将座椅调整到最佳的位置，获得最舒适和最习惯的乘坐角度。为了满足这些要求，汽车厂家不断采用机械和电子技术手段，制造出可调整的电动座椅。

在座椅造型方面，充分考虑人体身高、重量、乘坐姿势和重量分布等因素，应用人体工程学等先进技术，制造出乘坐舒适、久坐不乏的座椅。可调式电动座椅应按人体轮廓要求设计，能为人体的头部、背部、腰部和臀部提供最佳位置，有些还具有加热功能，在寒冷天气可使乘坐更加舒适。由于座椅还起到车厢装饰的作用，因此座椅面料的颜色要与车厢的总色调配合一致且手感柔和、质地优良。

图 6-29 为丰田卡罗拉电动座椅，可实现座椅前后滑动功能、靠背倾斜调节功能、高度升降功能和腰部支撑功能。

1. 电动座椅的组成

电动座椅主要由控制开关、双向电动机、传动机构、调节控制电路等组成，如图 6-30 所示。

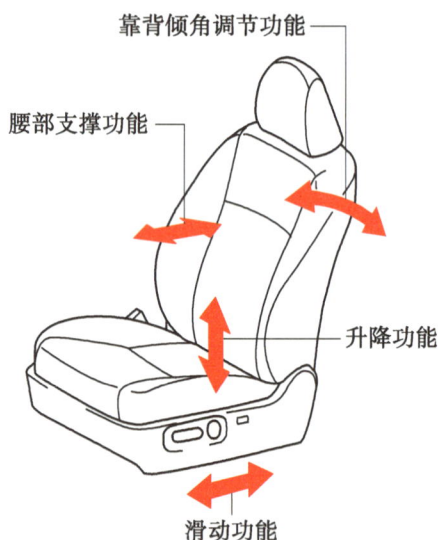

图 6-29　丰田卡罗拉电动座椅功能

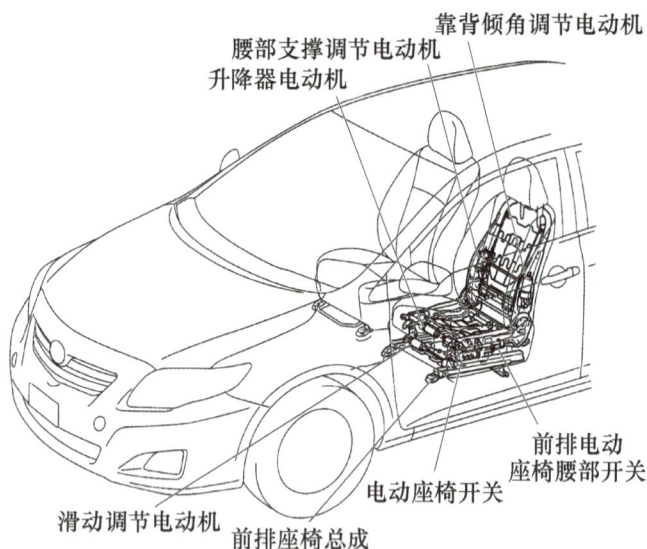

图 6-30　电动座椅的组成

电动机的个数取决于座椅调节功能的范围，如果只是调节座椅前后移动，仅需要一个电动机即可实现。在此功能基础上再加装 2 个电机，就可以实现座椅的上下升降、靠背倾斜调节，这就是六向移动座椅。很多高级轿车还增加了调整头枕、腰部调节等功能，这些功能使乘坐者更加舒适。所有这些功能的实现都必须通过电动机带动传动机构来实现。

2. 电动座椅控制电路

如图 6-31 为较常见车型的电动座椅控制电路。

当驾驶人需要倾斜调整座椅靠背时，按下前倾开关，前倾开关接通，电流从电动座椅开关端子 1 流入，经前倾开关触点从端子 3 流出，流入靠背倾角调节控制电动机又到电动座椅开关端子 2，经后倾常闭触点后搭铁。

当驾驶人需要倾斜调整座椅靠背时，按下后倾开关，后倾开关接通，电流从电动座椅开关端子 1 流入，经后倾开关触点从端子 2 流出，流入靠背倾角调节控制电动机又到电动座椅开关端子 3，经前倾常闭触点后搭铁，此时电流方向与前倾时相反，电动机转向也相反，因此一个电动机能实现前倾和后倾的调节。

其他功能的调节原理与倾斜功能类似。

在一些轿车的电动座椅开关中还有控制器，他具有存储记忆能力，只要按下某一个记忆键钮，即可自动将电动座椅调整到存储的位置上。

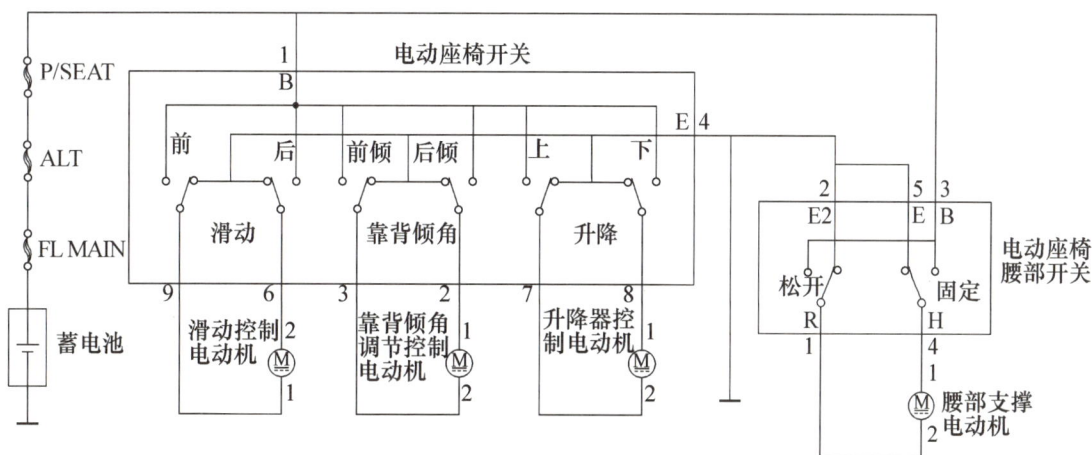

图 6-31　电动座椅控制电路

四、电动天窗

1. 电动天窗的作用

电动天窗在中高级以上轿车中装配得非常普遍，它具有通风换气、除雾和开阔视野等功能，如图 6-32 所示。

（1）通风换气　换气是汽车加装电动天窗最主要的目的。没有电动天窗的

图 6-32　汽车电动天窗

汽车，遇到车内空气污浊，如废气、吸烟、夏季车内霉变等，通常只能打开侧窗，给车内换气，这种方法不仅使乘客感到不舒服，同时效果也不理想，而且车外污浊的空气和噪声也会进入车内。但带电动天窗的汽车就方便多了，汽车电动天窗改变了用侧

窗换气的方法，电动天窗是利用负压换气的原理，依靠汽车在行驶时气流在车顶快速流动形成负压，将车内污浊的空气抽出，由于不是直接进风，而是将污浊的空气抽出以及新鲜空气从进气口补充的方式进行通风换气，车内气流极其柔和，没有风直接刮在身上的不适感觉，也不会有尘土卷入。

（2）**除雾**　春夏两季雨水多、湿度大，前风窗玻璃常有雾气，车内空气也容易污浊，这时打开电动天窗至后翘通风位置，顷刻间雾气消失，空气清新，又无雨水进入车内，给开车增加了舒适与安全。

（3）**开阔视野**　电动天窗可以使驾乘人员的视野开阔，并且能够亲近自然和沐浴阳光，驱除被封在车厢内的压抑感。

2. 电动天窗的结构

汽车电动天窗的基本结构如图 6-33 所示。它主要由控制开关、滑动机构、电动机与天窗控制器、排水管等组成。

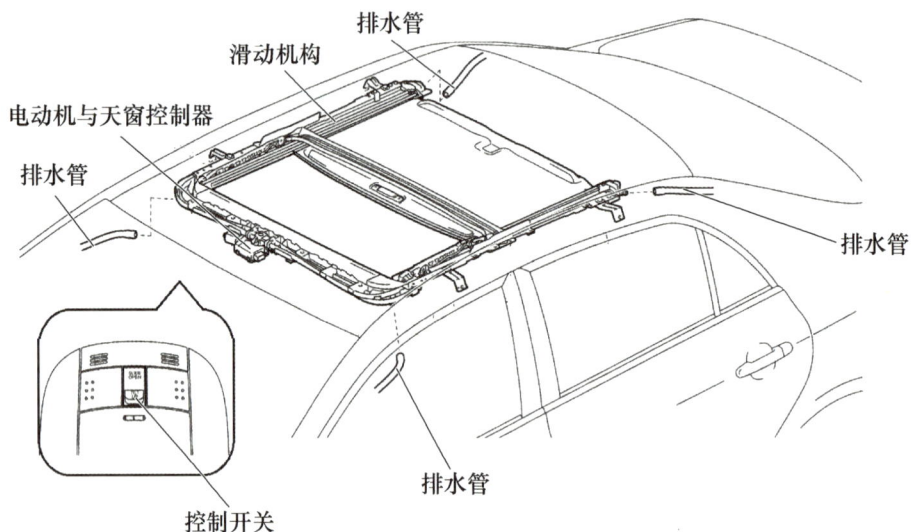

图 6-33　汽车电动天窗的基本结构

控制开关主要包括滑动开关和斜升开关。滑动开关有滑动打开、滑动关闭和断开（中间位置）3 个档位。斜升开关也是有斜升、斜降和断开（中间位置）3 个档位。通过操作这些开关，使天窗电动机实现正反转，从而实现不同状态下的工作。

天窗控制器与电动机一般做成一体，电动机通过传动装置向电动天窗的开闭提供动力。电动机能双向转动，即通过改变电流的方向以改变电动机的旋转方向，实现电动天窗的开闭。

电动天窗的 4 个角落都设有排水管，电动天窗最常见的故障就是排水管堵塞或脱落造成汽车顶棚漏水。

3. 电动天窗控制电路

（1）图 6-34 为丰田卡罗拉电动天窗控制电路图。该车型只有滑动开关，没有斜升开关。电动天窗控制 ECU 由端子 1、2 和 5 提供电源；接收电动天窗开关的信号就可以控制电动机的正反向旋转，即可控制天窗的关闭。

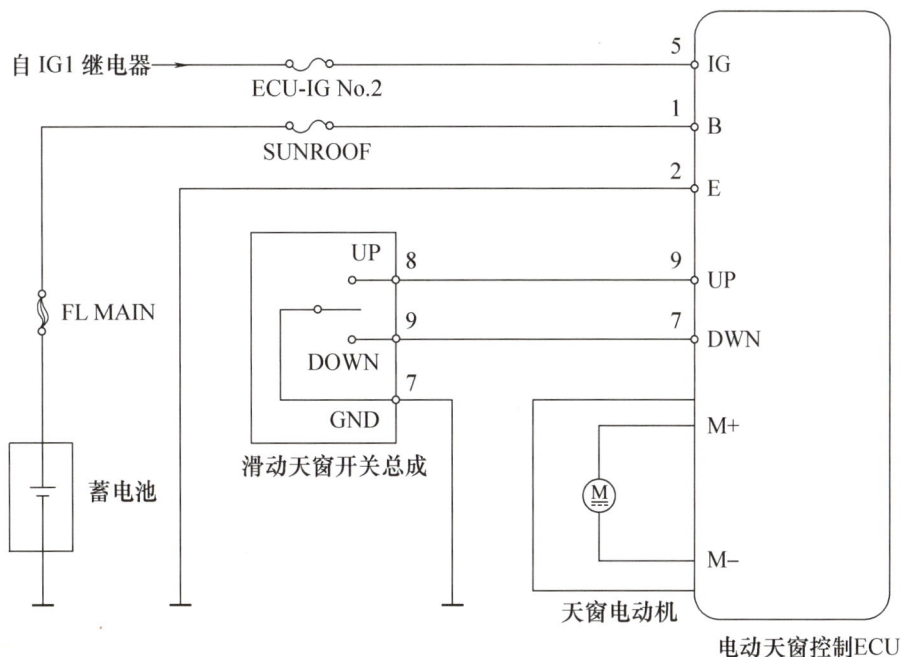

图 6-34　丰田卡罗拉电动天窗控制电路图

（2）图 6-35 为通用威朗汽车电动天窗控制电路图。该车型的天窗开关和倾斜开关当开关位于不同位置时电阻值不同，天窗控制模块通过接收不同的电压降信号，即可完成对电动机的正反向控制。

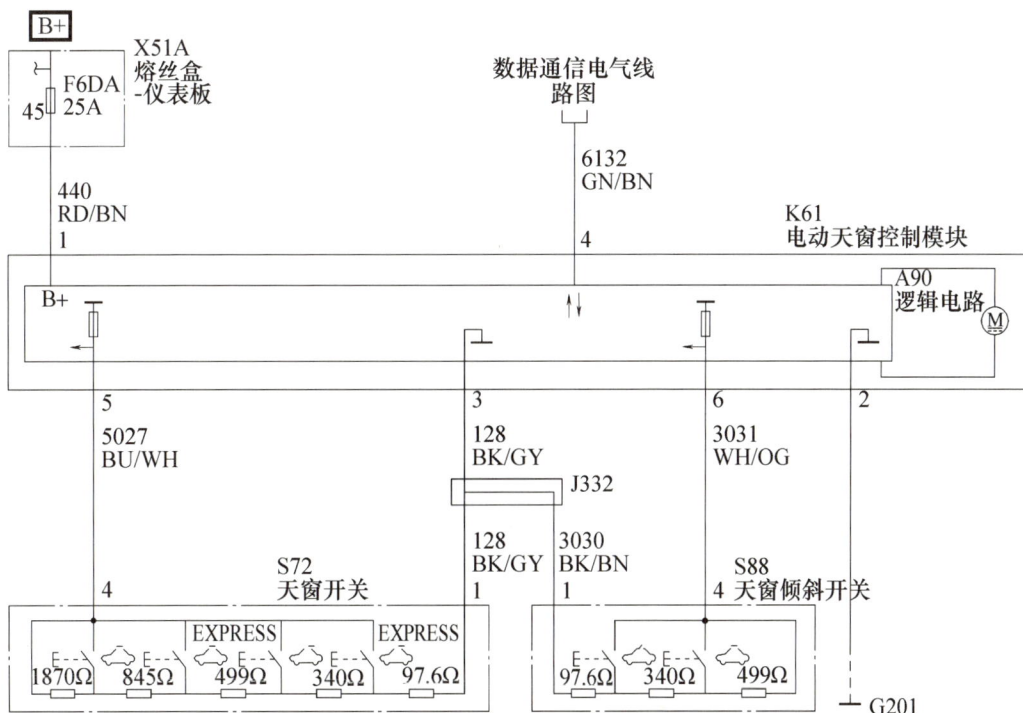

图 6-35　通用威朗汽车电动天窗控制电路图

检修舒适系统	学习任务单	班级：
		姓名：

1. 写出图中数字所指零部件的名称：

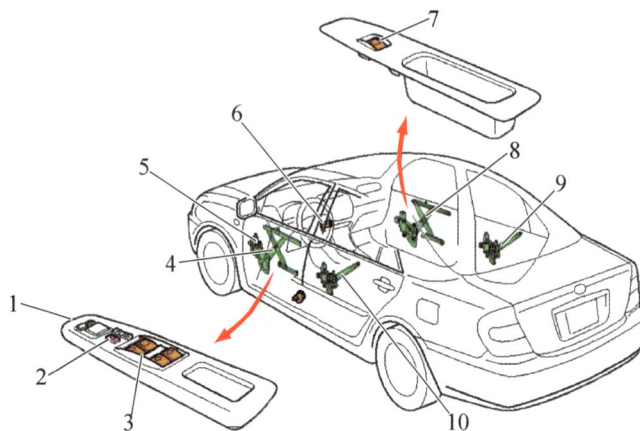

1. _____ 2. _____ 3. _____ 4. _____

5. _____ 6. _____ 7. _____ 8. _____

9. _____ 10. _____

2. 在下图中用红笔描绘当驾驶人操纵左后窗下降时和乘客操纵右前窗上升时电流流经的路线，并用箭头标明方向。

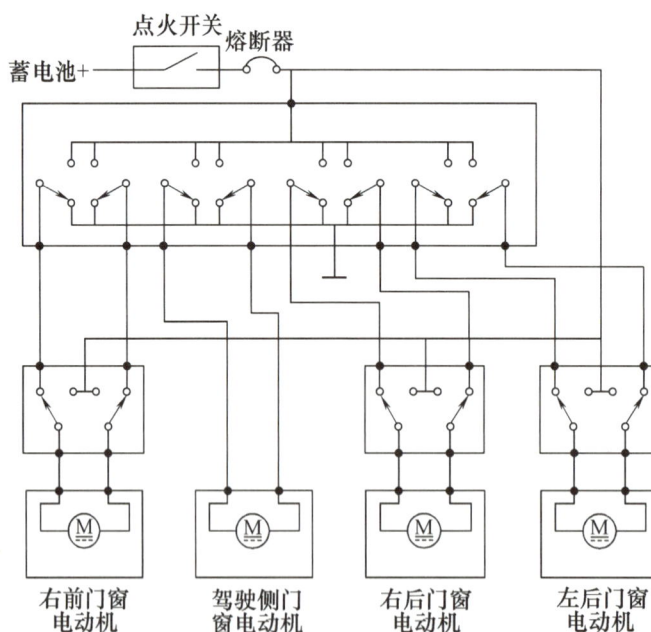

3. 在下图中用红笔描绘当驾驶人操纵左侧后视镜向上倾斜时电流流经的路线，并用箭头标明电流方向。

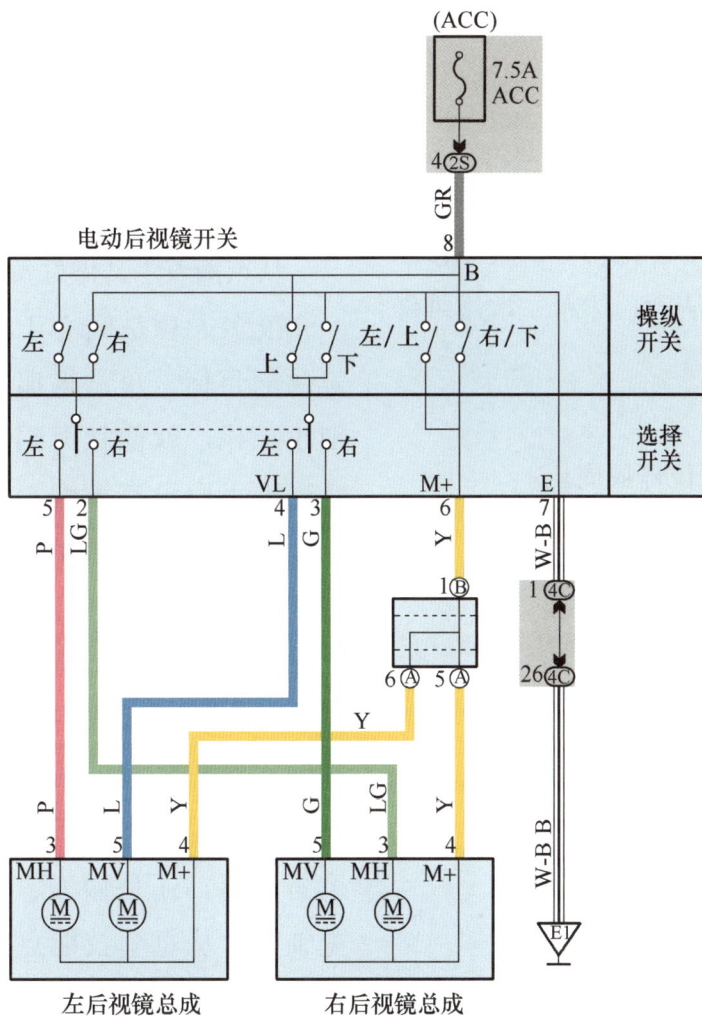

4. 写出图中数字所指零部件的名称：

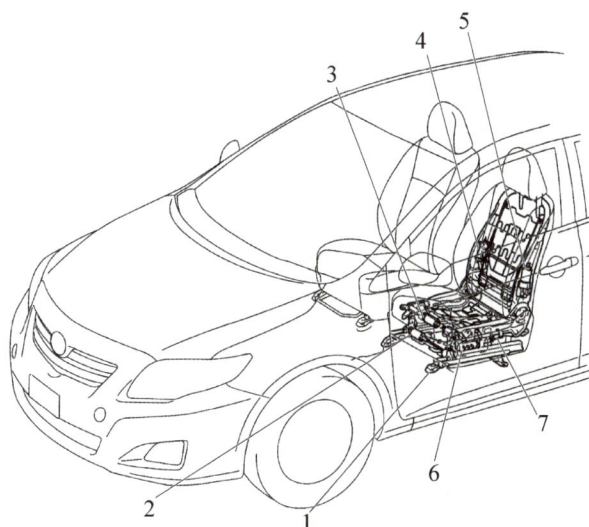

1. _____　2. _____　3. _____　4. _____

5. _____　6. _____　7. _____

任务实施

实训器材

通用威朗或卡罗拉轿车、故障诊断仪、润滑剂、清洁剂、抹布、常用维修工具和维修手册等。

作业准备

1）车辆在工位停放周正。

2）铺好车内和车外护套。

操作步骤

一、数据流的读取与动作测试（通用威朗轿车）

1. 电动车窗数据流的读取

1）将点火开关置于OFF位，将故障诊断仪连接到故障诊断座。

2）将点火开关置于ON（IG）位，并按下诊断仪电源键。

3）选择要检测的车型，进入车身系统，再进入电动车窗系统。

4）选择读取故障码，并记录故障码。

5）选择读取数据流，分别操作车窗总开关和乘客侧开关，各开关数据流应活动。

6）根据故障码和异常数据流信息查找维修手册，再根据维修手册流程查找故障原因。

2. 电动车窗动作测试

1）将故障诊断仪从数据流页面退出，进入执行元件测试菜单。

2）单击需要测试的车窗测试，该车窗电动机应动作。

3. 电动天窗数据流的读取

1）将点火开关置于OFF位，将故障诊断仪连接到故障诊断座。

2）将点火开关置于ON（IG）位，并按下诊断仪电源键。

3）选择要检测的车型，进入车身系统，再进入电动天窗系统。

4）选择读取故障码，并记录故障码。

5）选择读取数据流，分别操纵滑动开关和倾斜开关，各开关数据流应活动。

情智知识

从点滴着手，做好每一件小事。

很多人总是倾心于远大的理想和宏伟的目标，总觉得那些微不足道的细小工作，就像秋天飘落的一片片树叶，渺小而没有声响。他们总是忽略了不该忽略的小事情、小细节，从而在接踵而来的一件件工作任务面前慌了神，忙于应付，焦头烂额。然而，就像盖大楼需要先有坚实、牢固的地基做支撑一样，做任何事情都需要以一点一滴的努力打下扎实的基础。无论是学习，还是做人、做事，都要注重细节，从每个技能点学起，从小事做起。要想比别人优秀，只有在每一件小事上下功夫。

6）根据故障码和异常数据流信息查找维修手册，再根据维修手册流程查找故障原因。

二、车门天窗饰件保养

1. 电动天窗排水孔的清洁

1）打开电动天窗到全开位置。

2）将电动天窗导轨内的异物清理干净，如果导轨较脏，可以喷清洁润滑剂，如图 6-36 所示。

3）将电动天窗排水孔周围的异物清理干净。

4）用压缩空气和气枪疏通各条排水管。

5）在电动天窗导轨上涂抹专用润滑脂，如图 6-37 所示。

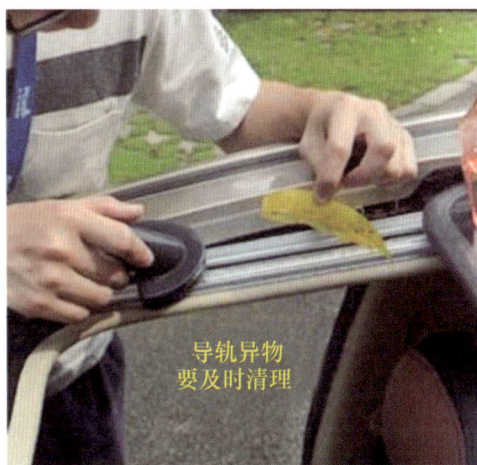

图 6-36　清理导轨异物

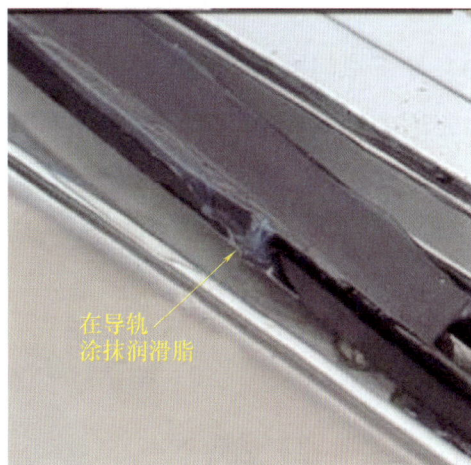

图 6-37　涂抹润滑脂

6）多次开关电动天窗，检查运行应匀速且无异常声音。

2. 车门铰链的清洁润滑

1）用清洁润滑剂喷到各车门铰链处，将铰链原来的铁锈和油泥清理干净，如图 6-38 所示。

2）用干净的抹布将各车门铰链擦干净。

3）将专用润滑脂均匀涂抹在各车门铰链上。

图 6-38　喷清洁润滑剂

4）开关车门多次，检查开关车门时是否有异常声音，如果还有异常声响，检查润滑脂涂抹是否到位，如涂抹到位说明车门铰链可能损坏。

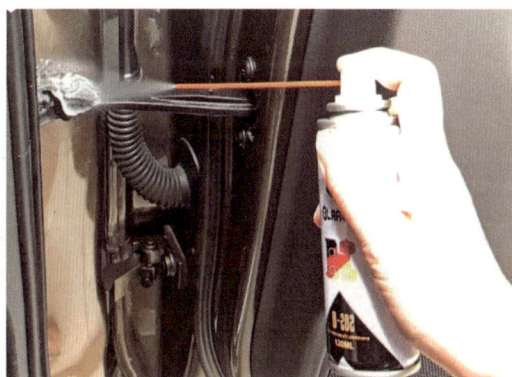

三、电动车窗玻璃升降器的拆装（丰田卡罗拉轿车）

1. 拆解

1）用内饰撬板撬下电动车窗玻璃开关盖板，如图 6-39 所示。

升降器总成的拆卸

2）断开电动车窗玻璃开关线束插头，如图6-40所示。

图6-39　撬下电动车窗玻璃开关盖板

图6-40　断开电动车窗玻璃开关线束插头

3）拧下车门饰板的固定螺钉，如图6-41所示。

4）用内饰撬板撬下车门内拉手固定螺钉的装饰盖板，如图6-42所示。

图6-41　拧下车门饰板固定螺钉

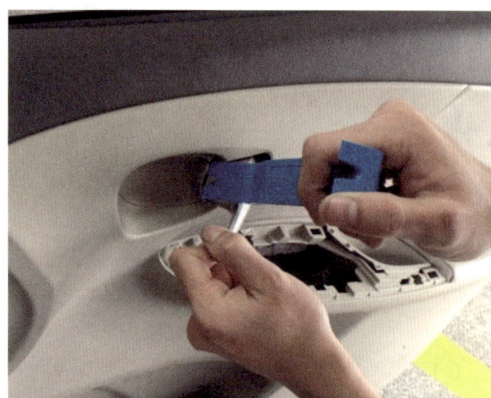

图6-42　撬下装饰盖板

5）拧下车门内拉手固定螺钉，如图6-43所示。

6）用内饰撬板撬开车门饰板，如图6-44所示。

图6-43　拧下车门内拉手固定螺钉

图6-44　用内饰撬板撬开车门饰板

7）取下车门饰板，并断开车内拉手拉索，如图 6-45 所示。

8）用合适工具拆下玻璃托架固定螺栓，并取下电动车窗玻璃。

9）用合适工具拧下玻璃升降器电动机的 4 个固定螺钉（见图 6-46），并取下玻璃升降器。

图 6-45 取下车门饰板

图 6-46 玻璃升降器电动机固定螺钉

升降器总成的安装

2. 安装

按拆卸相反的顺序进行安装。

四、电动车窗故障的检修（丰田车系）

电动车窗常见故障有：所有车窗均不能升降、单个车窗不能升降或只能向一个方向运动、电动车窗有异响等。

1. 所有车窗均不能升降

（1）故障现象

所有车窗均不能升降。

（2）故障原因

1）熔丝断路。

2）电动车窗继电器损坏。

3）相关电路断路或接触不良。

4）电动机损坏。

5）总开关损坏。

（3）检修思路

1）检查熔丝是否断路：如断路，重新更换新的熔丝；如正常，进入下一步。

2）用万用表或试灯检查总开关上的电源线电压是否正常，如电压为零或试灯不亮，则应检查电动车窗继电器是否正常和电源电路是否正常；如正常，则应检查搭铁电路是否正常，如正常，进入下一步。

3）对应总开关位置图（见图6-47），用万用表检查总开关是否正常，如不正常，更换总开关。

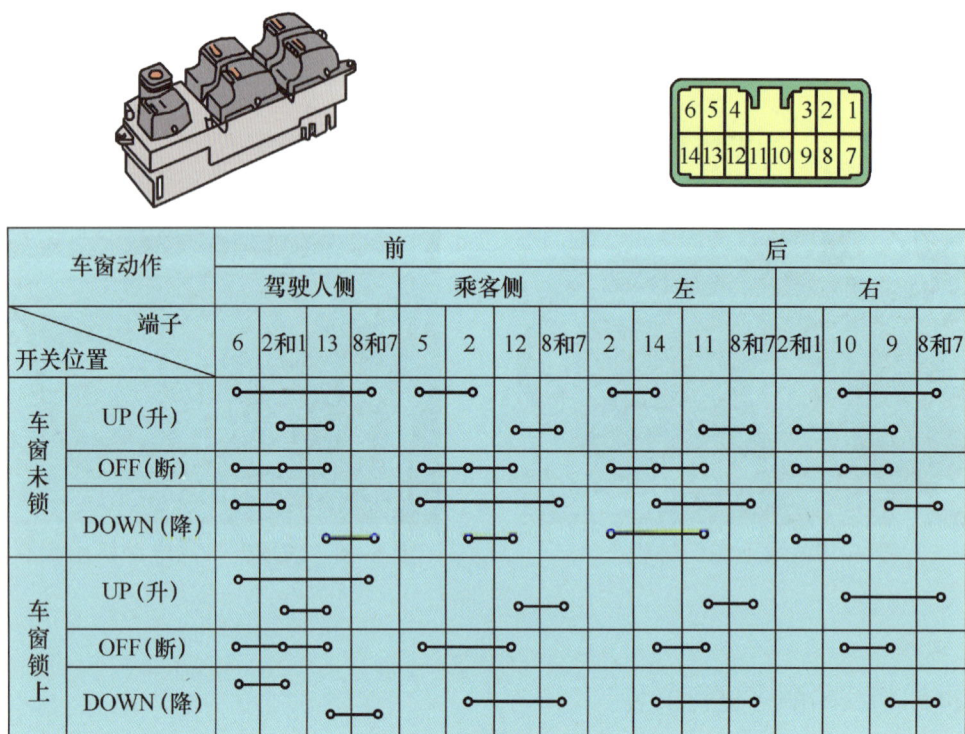

车窗动作		前				后							
		驾驶人侧				乘客侧				左				右			
端子 开关位置		6	2和1	13	8和7	5	2	12	8和7	2	14	11	8和7	2和1	10	9	8和7
车窗未锁	UP（升）																
	OFF（断）																
	DOWN（降）																
车窗锁上	UP（升）																
	OFF（断）																
	DOWN（降）																

图 6-47　总开关位置图

2. 单个车窗不能升降

（1）故障现象

单个车窗不能升降或只能向一个方向运动。

（2）故障原因

1）故障侧车窗开关损坏。

2）故障侧车窗开关电动机损坏。

3）相关连接电路故障。

4）车窗总开关损坏。

（3）检修思路

1）拆下故障侧的车窗开关，并拔下线束插接器。

2）用万用表或试灯检查车窗开关的电源线电压是否正常：如不正常，检查电源线的故障；如正常，进入下一步。

3）对应车窗开关位置图（见图6-48），用万用表测量车窗开关是否正常：如不正常，更换车窗开关；如正常，进入下一步。

4）拆下故障侧车门装饰板。

5）通电测试车窗电动机是否能够正转和反转（见图6-49），如不正常，更换车窗电动机。

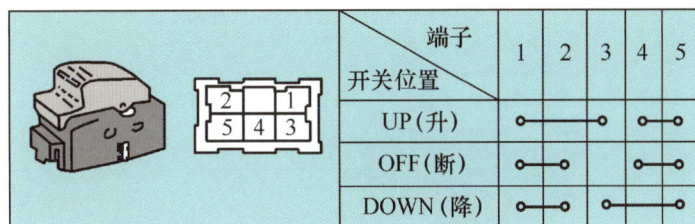

图 6-48　车窗开关位置图

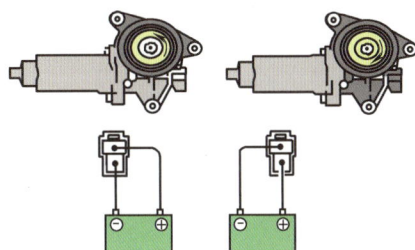

图 6-49　车窗电动机通电测试

6）对应开关位置图，用万用表检查总开关是否正常，如不正常，更换总开关。

7）用万用表测量相关电路是否断路或短路。

| 检修舒适系统 | 工作任务单 | 班级： |
| | | 姓名： |

1. 车辆信息的记录

品牌		整车型号		生产年月	
发动机型号		发动机排量		行驶里程	
车辆识别代号					

2. 舒适系统的功能检查

检查项目	检查情况	检查项目	检查情况
左前电动车窗升降检查	□正常 □异常	右后电动车窗升降检查	□正常 □异常
左后电动车窗升降检查	□正常 □异常	电动天窗滑动功能检查	□正常 □异常
右前电动车窗升降检查	□正常 □异常	电动天窗倾斜功能检查	□正常 □异常

3. 使用诊断仪读取舒适系统故障码及数据流

| 故障码 | |
| 清除后故障码 | |

项目名称	数据	项目名称	数据
左前电动车窗升降	□活动 □不活动	右后电动车窗升降	□活动 □不活动
左后电动车窗升降	□活动 □不活动	电动天窗滑动功能	□活动 □不活动
右前电动车窗升降	□活动 □不活动	电动天窗倾斜功能	□活动 □不活动

4. 故障检修

故障现象	
故障可能原因	
故障检查过程	
故障点确认	
维修措施	□维修 □调整 □更换

5. 车门、电动天窗饰件保养

作业项目	记录	作业项目	记录
电动天窗排水孔清洁	□执行 □否	电动天窗导轨润滑	□执行 □否
车门铰链润滑	□执行 □否	电动车窗玻璃导轨润滑	□执行 □否

检修舒适系统			实习日期：		
姓名：		班级：	学号：		导师签名：
自评：□熟练 □不熟练		互评：□熟练 □不熟练	师评：□合格 □不合格		
日期：		日期：	日期：		

检修舒适系统【评分细则】

序号	评分项	得分条件	分值	评分要求	自评	互评	师评
1	安全/7S/态度	□ 1. 能进行工位 7S 操作 □ 2. 能进行设备和工具安全检查 □ 3. 能进行车辆安全防护操作 □ 4 能进行工具清洁、校准、存放操作 □ 5. 能进行三不落地操作	15	未完成1项扣3分，扣分不得超过15分	□熟练 □不熟练	□熟练 □不熟练	□合格 □不合格
2	专业技能能力	作业 1 □ 1. 能正确地检查各电动车窗升降功能 □ 2. 能正确地检查电动天窗滑动功能 □ 3. 能正确地检查电动天窗倾斜功能 作业 2 □ 1. 能正确地读取故障码 □ 2. 能正确地清除故障码并读取 □ 3. 能正确地读取系统数据流 □ 4. 能正确根据数据流判定性能 作业 3 □ 1. 能正确确认故障 □ 2. 能正确进行故障排查并检修 □ 3. 能正确检修并确认故障点 □ 4. 能正确判定维修措施 □ 5. 能正确清洁、润滑电动天窗 □ 6. 能正确检查并润滑车门铰链 □ 7. 能正确检查并润滑电动天窗导轨	50	未完成1项扣3分，扣分不得超过50分	□熟练 □不熟练	□熟练 □不熟练	□合格 □不合格
3	工具及设备的使用能力	□ 1. 能正确地选用维修工具 □ 2. 能正确地使用维修工具 □ 3. 能正确地使用诊断仪 □ 4. 能正确地使用万用表	10	未完成1项扣3分，扣分不得超过10分	□熟练 □不熟练	□熟练 □不熟练	□合格 □不合格
4	资料、信息查询能力	□ 1. 能正确地使用维修手册并查询资料 □ 2. 能正确地记录查询资料章节及页码 □ 3. 能正确地记录所需维修信息	10	未完成1项扣3分	□熟练 □不熟练	□熟练 □不熟练	□合格 □不合格
5	数据判断和分析能力	□ 1. 能判断电动天窗功能是否正常 □ 2. 能判断电动车窗升降功能是否正常 □ 3. 能判断/分析系统数据流 □ 4. 能判断/分析故障点	10	未完成1项扣3分，扣分不得超过10分	□熟练 □不熟练	□熟练 □不熟练	□合格 □不合格
6	表单填写报告的撰写能力	□ 1. 字迹清晰 □ 2. 语句通顺 □ 3. 无错别字 □ 4. 无涂改 □ 5. 无抄袭	5	未完成1项扣1分，扣分不得超过5分	□熟练 □不熟练	□熟练 □不熟练	□合格 □不合格

总分：

参 考 文 献

［1］谭本忠 . 汽车电器构造与维修［M］. 山东：山东科学技术出版社，2010.

［2］郭奇峰，郑烨珺 . 汽车电气维修［M］. 北京：人民交通出版社，2014.

［3］高元伟，昌学前 . 汽车电气设备构造与维修［M］. 北京：人民交通出版社，2011.

［4］周建平 . 汽车电气设备构造与维修［M］. 北京：人民交通出版社，2012.

［5］北京中车行高新技术有限公司 . 汽车专业领域职业技能等级证书汽车运用与维修职业技能考核培训方案准则
［M］. 北京：高等教育出版社，2019.